법의 눈

Original title: Das Auge des Gesetzes published by Verlag C.H. Beck
Author: Michael Stolleis

© Verlag C.H.Beck oHG, München 2014

Korean Translation© 큰북소리 2017

법의 눈

미하엘 슈톨라이스 지음 | 조동현 옮김

"LES HOMMES SONT EGAUX DEVANT LA LOI."

모든 인간은 법 앞에 평등하다

크벗

이 책은 '법의 눈'을 통해
전반적인 법의 역사와 법이 어떻게 신법(神法)과 자연법으로,
입헌군주제 국가와 법치국가의 성립으로
발전했는지를 확인할 수 있다.

차례

법의 눈은
깨어 있다

'법의 눈은 깨어 있다!'라는 오래된 격언은 여러 맥락에 따라 때로는 비꼬는 말로, 때로는 경고의 말로 들릴 수 있는데, 지금은 시대에 뒤떨어진 말이 되었다. 이 격언은 대개 시민들이 자는 동안 범죄로부터 시민들을 '지켜보며' 보호하는 경찰을 가리킨다.

* 독일 문학의 거장 괴테와 실러가 1797년에 공동 발표한 시집이다. 실러는 괴테와 공동으로 지은 「크세니엔(Xenien)」 414편을 발표했다.

속담 사전[1]에도 나와 있는 이 격언은 프리드리히 실러(Friedrich Schiller, 1759~1805)의 『연간 시집(年刊詩集, *Musenalmanach*)』*에 실린 시들 중에서 오늘날 보수적이라 조롱받는 국가의 부르주아적인 질서를 찬양한 「종(鐘)의 노래(*Das Lied von der Glocke*)」의 한 구절이다.

… 어둠은
대지를 덮고,
하지만 안전한 시민은 밤을
두려워하지 않는다,
사악한 자들이 흥분에 차서 깨어났지만,
법의 눈이 지켜보기 때문에.

실러의 시 구절은 명료하다. 한쪽에는 '안전한 시민'이, 다른 한쪽에는 밤의 장막 아래에서 범죄를 저지르려는 '사악한 자'들이 있다.

시민들의 편안한 잠은 위험을 피하고 안전을 보장하려는 질서 정연한 국가,[2] 법률 그리고 헌법에 의해 문명화된 경찰에 의해 보호받는다.

이러한 국가 제도의 신뢰를 바탕으로 시민들은 편하게 잠을 청하고 밤을 안전하게 보낼 수 있다. 국가의 보호는 시민들을 불안감³에서 해방시켜준다. '법의 눈'이 지속적으로 외부를 감시하기 때문이다. 어둠 속의 '범죄 세계'와 국가는 내전을 벌이고 있다. 오늘날에는 한 시민이 범죄로 억울한 희생자가 되었을 때, 지속적인 경계⁴의 의무를 다하지 못한 국가를 상대로 경계 실패에 대한 보상을 요구할 수 있다.

'법의 눈'이란 상징을 '경찰'이라는 말로 손쉽게 바꿀 수 있을 것 같지만, 자세히 살펴보면 그 형태가 독특하다. '법'이란, 눈을 가진 살아 있는 생물이 아니다. '법'은 대의민주주의를 근거로 법적 구속력이 있는 규범적 문서로서, 헌법에 따라 선출된 대표자 대부분의 동의로 만들어졌다. 법의 내용은 상위법에 의해, 특히 헌법에 위배되지 않으며, 공식적인 절차들이 준수되는 한 본질적으로 임의적이며 무생물이다. 그러한 법이 어떻게 '눈'을 가질 수 있을까?

이처럼 잠들지 않고 '모든 것'을 지켜보며, 미래에 일어날 법적 사례들을 법전에 예견하는 섭리를 지닌, 의인화된 실체로서의 눈을 가진 법 뒤에는 과연 무엇이 존재할까?

만일 19세기에서 20세기의 문학과 미술이나 과학 등 모

* 대표적인 왕정복고는 1660년 영국의 스튜어트 왕조의 부활과 1814년 프랑스의 부르봉 왕조의 부활이다.

** 1815년 독일연방 성립부터 1848년의 혁명 발발까지를 가리킨다.

*** 통치자들이 권위와 통치권의 상징으로 지니던 장식용 짧은 지팡이를 말한다.

든 학문에서 그 답을 찾는다면 우리는 놀랄 만큼 많은 수의 눈에 대한 은유와 상징을 발견할 수 있다.

우리는 '비평의 눈'이나 심지어 '과학의 눈'에 대해서는 들어보았다. 하지만 법치국가로 대변되고 성장하는 의회의 법률 제정이란 방패 아래, 그리고 법의 지배를 받는 경찰이란 지배적 상징으로서 '법의 눈'은 실러가 말한 의미로는 드물게 발견될 뿐이다.

눈의 이미지는 왕정복고 시대*와 3월혁명 이전의 시대**에 헌법 제정을 위한 운동, 사법부 독립이나 법치국가의 주요 정신을 촉진하기 위해 미약하게 생성된 것으로 보인다.

또 다른 눈의 이미지는 《하노버 왕국의 법률 저널》(1826) 표지에서 찾아볼 수 있다. 거기에는 홀(笏, scepter),*** 올리브 가지, 법전과 저울과 그것을 총체적으로 지켜보는 '법의 눈'이 있다.

여기에 형상화된 것은 정의와 엄격함, 그리고 자비를 바탕으로 하는 법치국가다. 당시 하노버 왕국은 아직 진정한 의미의 현대적 입헌국은 아니었다. 1833년이 되어서

《하노버 왕국의 법률 저널》 1호 표지(1826).

* 독일연방의 하나인 하노 버에서 에른스트 아우구스 트가 새로이 왕위에 올라, 자유주의적 헌법을 폐지하고, 옛 헌법을 부활시키려고 했다. 이에 대해 F. 다르만, G. 게르비누스, 그림형제 등 괴팅겐대학교의 교수 7명이 강력히 반대하자, 왕이 즉각 이들을 파면한 사건이다.

** 프랑크푸르트 국가헌법은 1848년 3월혁명 이후 1849년 3월 27일 프랑크푸르트의 파울교회에서 개최된 독일제국국민회의에서 '독일(제)국헌법'으로 채택되고 공표되었다.

*** 프로이센헌법 투쟁은 빌헬름 1세가 즉위하자 정치적 중립을 유지한 채 오토 폰 비스마르크를 총리로 임명하여 정치적 대립을 해결하게 했다. 하지만 비스마르크는 국무, 의회, 외교에서 독단적으로 처신했다. 그러자 정부와 의회의 분쟁이 심화되었고, 이는 의회의 예산 심의권을 둘러싼 헌법 문제로 발전했다.

야 현대적 의미의 입헌국의 개념이 생겼다. 하지만 법률 신문을 지원한 사법 시스템 내부에, 법치국가를 향한 진보적 희망들이 있었다. 로베르트 폰 몰(Robert von Mohl, 1799~1875)은 1832~1833년까지 자신의 중요한 업적인 『법치국가의 원리에 따른 경찰학(Die Polizei-Wissenschaft nach den Grundsätzen des Rechtsstaates)』을 간행하면서 '법치국가'라는 혁신적 용어를 책의 제목으로 처음 사용했다.[5]

'법의 눈'은 통치자 한 명에 의한 지배 대신에 법에 의한 평등한 지배를 약속하면서 법의 객관성을 상징한다. 힘과 자비라는 법의 주관성에 반대하는 '법에 의한 지배'는 입헌군주제에서 더욱 큰 입법 범위에 대한 모색을 수행하는 정신으로, 1837년 '괴팅겐 7교수 사건'*에서 시작되었다. 이후 프랑크푸르트의 장크트 파울교회에서 제헌국민의회가 공표한 프랑크푸르트 국가헌법**의 시도(1849), 1862년에서 1866년 사이의 프로이센헌법 투쟁***을 거쳐, 행정을 관할할 때까지 지속적으로 이루어졌다(1863, 1875).

하지만 문헌에서 '법의 눈'의 진정한 근원을 찾기에 19세기와 20세기는 적합하지 않은 시기다. 바로크식 상징의 창조적 시대는 이미 지났다. 공공건물이나 기념물을 위한 회화적인 프로그램들은 그리스-로마 시대와 그리스도교 신화에서 벗어나 있었다. 특정한 도상학(圖像學, iconography)*의 자의성과 함께 그들은 이제 국가의 목표, 자유를 위한 인간의 욕망, 국가의 자기 확신 혹은 지배 중인 왕조의 명성을 위해 복무했다.

* 도상학은 그리스어 'eikón'과 'graphein'의 합성어로서 '형태 묘사'라는 의미로 상징성, 우의성, 속성 등 어떤 의미를 갖는 도상을 비교하고 분류하는 미술사의 연구 방법이다.

누구나 잘 아는 역사에는 어느 곳이든 어느 시기든 이미 잘 알려진 건축 양식을 차용했다. 이를테면 고대 아테네는 의회의 건물을 위한 영감의 소재로 자주 사용했고, '정의의 궁전(Justizpaläste, 법무부)'은 네오르네상스 양식으로 건물을 짓다가 1900년 이후에는 네오바로크 양식6을 채택했으며, 시청은 대부분 르네상스 양식의 건축 양식을 채택했다.

교회는 낭만주의 시대부터 고딕 양식을 사용했으며, 1871년 이후부터 로마네스크 양식으로 복귀하려고 했다. 건축가들은 교회의 내부와 외부에 위인들의 초상화와 관련된 경구들을 추가했으며, 전설적인 창건 행위, 작위 서임식,

또는 승리한 전투 등을 소재로 프레스코 벽화를 내부에 장식했다.

하지만 회화에서는 법과 법치국가의 열정으로 가득한 결정적인 소재지를 찾을 수 없다.[7] '법의 눈'의 역사를 파악할 수 있는 장소를 추정할 수 없다.

그렇지만 우리의 시선을 정치 풍자나 거리 예술로 옮겨 보면 갑자기 '법의 눈'이 다시 나타난다. 19세기 당시 사회적 적대감(길항작용)은 체계적으로 여론에 영향을 끼치기 위한 방법으로, 그들 자신의 심상을 특히 신문 만화로 표현[8]했는데, 정치적 반대파를 향한 패러디와 조롱은 '법의 눈'이라는 감시의 공식과 손을 잡았다. 즉 시민을 보호하기에 적합하지 않은 무능한 경찰관은 이제 '법의 눈'에 의해 감시와 조롱을 받게 되었다. 카를 크론베르거(Carl kronberger, 1841~1921)의 그림에서 '법의 눈'은 몸집이 뚱뚱한 경찰관의 모습으로, 폐점 시간이 지켜지는지를 필사적으로 몸을 굽혀 주점 창문을 통해 감시하고 있다.[9]

'법의 눈'은 탐정이나 비밀경찰, 정보원의 모습을 보여주면서 한층 위험해졌다. 오노레 도미에(Honoré Daumier, 1808~1879)*나 카를 슈피츠베크(Carl Spitzweg, 1808~1885)

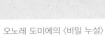
오노레 도미에의 〈비밀 누설〉

카를 슈피츠베크의 〈엿듣는 자〉

는 자신의 삽화를 통해 비밀경찰을 묘사했다.
이런 것들이 1830년경 정부 감시의 전성기
에 나타난 이미지다. 비더마이어(Biedermeier,
1808~1885) 시대*의 거짓된 '평안함'의 뒤에는
보호와 탄압이라는 모순이 나타난다.

'안전한 시민'은 특히 증가하는 제4계급(무산자계급)으로
부터 그들의 자유와 재산에 대한 국가의 보호를 원한다. 하

* 빈 회의가 열렸던 1815년
부터 1848년의 3월혁명 발
발까지를 가리킨다. 나폴레
옹에 의해 크게 변한 유럽
의 질서를 프랑스혁명 이전
으로 되돌리고자 했기 때문
에 '왕정복고 시대'라고도
한다.

* 시인, 소설가, 시적 리얼
리즘의 대표 작가다.

지만 다른 한편으로는 '부릅뜬 눈'으로 자유주
의 성향을 감시하며 억압하려는 권위 또한 두
려워한다.[10]

빌헬름 라베(Wilhelm Raabe, 1831~1910)*의 사회비판 소
설 『아부 텔판(Abu Telfan)』(1867)에서는 '공공 안전의 표
상'인 경찰이 부패하여 자신의 주머니로 은밀하게 동전이
미끄러져 들어갈 때 부정한 '법의 눈'으로 윙크를 날린다.[11]
그 이후로 '법의 눈'은 자신의 잠재력에도 불구하고 회화적
인 상징이나 언어적인 은유에서 사라진 것처럼 보인다.

호안 미로, 〈밤의 여인과 새〉, 바르셀로나 호안미로미술관 소장.

상징주의, 초현실주의 등의 시각예술(만 레이Man Ray, 브뉘엘Buñuel, 달리Dali, 미로Miró, 엠 에른스트M.Ernst)에서는 눈을 신비롭거나, 차갑게 쳐다보거나, 울거나, 멀어버린 눈 등의 새로운 이미지를 만들어냈지만, 법과 눈의 연결점은 잃어버린 것처럼 보인다.

신의 눈은 풍자만화에 있는 체제 전복적인 비판적 감성이나 반어적 의미의 캐리커처에서도 발견된다. 20세기 독재 정권의 모든 감시 기관에서 중요한 묘사는 '눈'을 이용한다. 그렇지만 '법의 눈'은 사라졌다.

신의 눈은
모든 것을
본다

그럼 이제 다른 경로를 통해 1800년 이전에 나타난 '눈'의
근원을 찾아보자. 그 근원은 인류 역사의 초기까지 거슬러
올라간다. 눈의 상징과 은유는 무수히 많다.[12] 인류 역사를
살펴보면 모든 고대 종교와 시적 텍스트에 신, 영웅 그리고
인간의 눈이 나타난다. '인간의 눈'은 항상 신비한 기관(器

官)으로 보였다. 비록 다섯 개 감각의 중요성을 주제로 하는 우선순위 논쟁이 있을 수는 있었지만, 어느 누구도 '눈'의 존재가 중요하다는 점을 의심하지 않았다.

대부분 문화에서 '눈'은 상대적으로 귀, 코, 혀 또는 피부보다 오히려 지배적으로 간주된다. 청력을 잃으면 고립감을 느끼고 심리적으로 손상을 입는다. 하지만 대부분 사람이 가장 심각한 재앙으로 두려워하는 것은 장님이 되는 것이다. 그것은 인간 정신의 깊은 내면에 닿아 있는 어둠에 대한 공포를 대변하는 것이다. 인간의 진화에서 보는 기능을 가진 눈을 '인간을 위해 신이 내린 선물'이라고 여긴다. 우리는 우리의 시각을 기반으로 이 세계를 인식하고, 눈뜨고 나아간다.

눈의 기능을 과학적으로 이해시키기 위해—렌즈와 망막, 두뇌에 의한 광학 신경, 그리고 정보 처리라는—눈의 신경생리학적 작용으로 아무리 설명한다고 해도 여전히 보는 것은 '기적'으로 남아 있다.

이에 따라 눈을 이미지와 빛을 받아들이고 심지어 광선을 내보내는 것으로 추측되었던 기관이라는 경이로운 개념이 만들어졌다.

서구 문화의 범주에서 눈과 관련된 은유와 금언은 주로

* 광의로는 창조물에 대한 하나님의 돌보심을 말하고, 협의로는 인간을 초자연적 목적으로 인도하심을 뜻한다.

성경에서 유래한다.[13] 우리는 '하나님의 눈에 자비를 찾는' 또는 "어찌하여 형제의 눈 속에 있는 티는 보고 네 눈 속에 있는 들보"(마태복음 7:3)에 대해 들어왔다.

종종 태양과 동일시되거나 그것에 의해 시각화되는 하나님의 눈은 모든 것을 볼 수 있는 능력의 상징이다('오늘의 눈, Auge des Tages').[14] 하나님의 눈이 지켜본다. 하나님은 전지전능하다. 하나님은 모든 것을 기억하고 모든 것을 보며 미래를 예견한다(하나님의 섭리, Providentia Dei).* 하나님은 양을 돌보는 목자처럼 그의 백성을 보호한다.

"하나님이 유다 장로들을 돌보셨으므로"(에스라 5:5), 여호와의 눈은 소를 살찌게 했고,[15] "여호와는 그를 경외하는 자 곧 그의 인자하심을 바라는 자"(시편 33:18)를 보살핀다. 하지만 구약 성서의 하나님은 선인뿐만 아니라 악인에게도 눈을 돌린다. "온 세상에 두루 다니는 여호와의 눈"(스가랴 4:10)은 "어디서든지 악인과 선인을 감찰"(잠 15:3)한다. 따라서 하나님은 모든 눈이며 전지전능하고 위협이며 사랑이자 경계다.

이슬람도 이 점에서는 다르지 않다. 하지만 보는 것과 듣는 것이 나란히, 더욱 공평하게 언급되어 있다. 모든 것을 듣고 보는 전지전능한 알라는 '꿰뚫어보고 모든 것을 안다.' 그는 "모든 것을 듣고, 모든 것을 보며 전지전능하다." (수라 31:17, 29) 알라의 말씀에 따르면 구약에서처럼 코란은 부분이 전체를 의미하는 '그의 얼굴'이라는 공식을 사용한다. 부분을 의미하지만 전체를 볼 수 있는 능력의 '얼굴'을 사용한다.

충실한 신도는 신의 얼굴을 바라보게 될 것이며, 이것이 그들에게 구원의 약속이다. 다시 말해 그들은 신의 눈에서 빛나는 빛을 볼 때 영원을 얻을 것이다.

모든 것을 보는, 영원히 열려 있는 눈은 영원 그 자체이며, 모든 인간과 지상의 역사를 재구성하는 조건이다. "그의 얼굴 외에는 모든 것은 소멸할 것이다."라고 코란은 언급한다.(수라 28, 89)

일신교(一神敎: 유대교, 그리스도교, 이슬람교)에서 모든 것을 보는 눈은, 가장 빈번하게 사용되는 은유적 이미지로 인간의 상상력을 뛰어넘는 유일한 하나님으로서의 신의 권능이다. 니클라스 루만(Niklas Luhmann, 1927~1998)이 묘사한 '관찰자로서의 신과 종교들'16에 따르면 신은 언제나 깨어 있다. "이스라엘을 지키시는 이는 졸지도 아니하시고 주무시지도 아니하시리로다."(시편 121:4)

* 독일의 신비주의 사상가
다.

** 슈바벤 경건주의의 대표
적 신학자다.

그리고 신은 하나의 '눈'으로 지켜보는데 이
것은 하나님은 외부와 내부, 왼쪽(잘못됨, 사악
함)과 오른쪽(올바름, 선함)을 가진 인간의 이중
성이 적용되지 않기 때문이다. 신비학의 대가
마이스터 에크하르트(Meister Eckhart, 1260?~1327)에 따르
면 인간이 가진 육체의 눈은 내적인 눈이 하나님을 섬기는
지식을 얻기 위해 봉사하는 동안 외부 세계로 향한다.[17] 따
라서 바로크 신비주의에서는 영혼의 왼쪽 눈은 시간을 향
하고, 오른쪽 눈은 영원을 향한다.[18] 신의 눈은 이와 반대로
초인간적이고 움직이지 않으며, 영원하다.

히브리 신비주의 문학 작품에는 다음과 같이 설명되어
있다. '신의 눈'은 그 눈을 보호하는 속눈썹이나 눈꺼풀이
필요치 않다. 왜냐하면 그것은 모든 것을 보호하고 살펴보
기 때문이다. 따라서 그보다 더 높은 어떠한 권위도 없다.
스스로 '최고'이기 때문이다.

히브리 신비 철학에서 신비주의의 흔적은 야콥 뵈메
(Jakob Böhme, 1575~1624)*[19]와 크리스찬 크노르 폰 로
젠로트(Christian Knorr von Rosenroth, 1636~1693), 프리
드리히 크리스토프 외팅거(Friedrich Christoph Ötinger,
1702~1782)** 그리고 심지어는 셸링(Friedrich Wilhelm

신비주의 작품.
야콥 뵈메, 〈이승과 천상의 신비〉(1682).

* 로마대법전이라고도 한
다. 비잔틴제국의 유스티
니아누스 1세의 재위 시절
(529~534년)에 편찬된 법
령으로 근대 법 정신의 원
류가 되었다.

** 카발라는 헤브라이어로
입에서 입으로 직접 전수된
'구전' 또는 '전승'을 의미하
는 말로 중세 유대교의 신
비주의를 담고 있는 교리
다.

Joseph von Schelling, 1775~1854)에게서도 찾
을 수 있다.('주님의 눈은 모든 것을 본다.')

이렇게 널리 알려진 신의 편재(신이 어디에나
존재한다는)와 전지, 그리고 하나님의 섭리[20]의
상징은 특별히 삼위일체 그리스도교의 도상학
에 걸맞았다.

즉 '정삼각형에 둘러싸인 하나의 빛나는 눈'
이다. 비록 그리스도교 삼위일체설의 공식이 니스 공의회
의 「유스티니아누스 법전(the Codex Justinianus)」*에 그리
스도교 정통의 확고한 구성 요소가 되어 장엄하게 명시되
어 있지만, 삼위일체와 눈의 조합은 중세가 아니라, 근대에
서 그 기원을 찾을 수 있다. 비록 눈과 빛이 자주 중세 신비
주의[21]와 연결되지만, 하나님에 대한 영광에 휩싸인, 양끝
이 뾰족한 아몬드 모양의 타원형 눈과 삼각형의 조합에 대
한 중세의 시각예술에 대한 탐색은 허탕을 치게 된다.

오히려, 이 특수한 조합은 17세기까지는 광범위하게
나타나지 않는다. 그것은 예수회의 전성기와 전제주의
의 정치적 도상학[22]과 함께 바로크 신비주의[23]의 카발라
(Kabbala)**와 연결될 수 있다. 분명히 몇 가지 경향은 함께
흘렀다.

신의 눈과 망원경이 있는 홀(석고 세공).
F. J. 홀징거, 〈신의 섭리〉(1720), 메텐수도원도서관 소장.

* 1545년 교황 바오로 3세는 신성로마제국의 트리엔트에서 공의회를 소집했다. 이 공의회에서 열아홉 번째에 걸친 회의를 통해 가톨릭 교리와 교회법을 새롭게 확정했다.

** 트리엔트 공의회 제19차 회의에서 선포한 내용. 종교개혁 운동으로 생긴 유럽 교회의 혼란과 분열을 종식시키는 데 목적이 있었다. 영성은 하나님과 자기 자신, 이웃, 그리고 세상에 대한 자기 초월적 사랑으로 형상화된다.

가톨릭 교회의 내부에서는 트리엔트 공의회(Council of Trient)* 이후 하나님의 형상은 재영성화(die Respiritualisierung)**를 통해 추상적인 경향을 선호하게 된다. 삼각형은 이러한 목적에 이상적이었다. 그것은 추상적이었고, 십계명에 명시된 우상숭배 금지령을 준수할 수 있었으며, 3개의 꼭짓점은 '성부, 성자 그리고 성령'으로 용이하게 번역될 수 있었다.[24] 더군다나 그것은 조화와 균형을 추구하는 이 시대의 수학적인 정신에도 특히 적합했다.

완전한 삼각형 안에 그에 못지않게 완벽한 원형인 홍채와 동공이 결합된 완벽한 눈의 형상에서는 성(聖) 삼위일체, 완벽함, 최고의 보호와 감독을 동시에 볼 수 있었다.[25] 그것은 약간의 놀라움으로 나타난다. '신의 눈'은 가톨릭 교회법에 의해 바로크 양식의 교회 예술, 상징 그리고 대중적인 경건에 과하게 사용된다.

'신의 눈'은 제단 뒤쪽의 제단화의 가장 높은 곳, 설교단 위, 오르간 상자, 그리고 찬송가와 기도서의 표지에서도 지켜본다. 비록 '신의 눈'이 교회에서 예배를 보는 신도들을 지켜보는 것이지만, 그것은 모든 인간 활동에 존재하는 것으로 생각되는 것이다.[26] 민속 예술이나 대중적인 공예품에서도 하나님의 눈과 결합된 삼위일체의 상징들이 발견된다. "교회 건물 외부에 주로 사자(死者)를 기념하는 나무판(토텐블래터, Totenbretter), 묘비, 사고로 사망한 개인을 추모하는 위패, 봉헌하는 이미지들, 거실 현관문에 걸어 놓은 축복의 말씀, 기도하거나 신앙심을 고양하는 종교적인 그림들에서도 '신의 눈'은 발견된다."[27]

그리스도교 예술에서 예를 들자면 성직자의 의복, 제식, 장식 등에 '하나님의 눈'을 새기는 전통은, 20세기 교회 미술의 다양한 개혁 운동에도 지속적으로 이어졌다.

모든 것을
주시하는 것이
정의의 눈이다

　지금까지 언급한 근거들은 '신의 눈'이 바로크 시대에 삼위일체의 삼각형과 결합된 유대-그리스도교와 이슬람교의 전통의 흐름과 연관되어 있을 뿐, 20세기에는 그 흐름이 사라졌다는 인상을 줄 수 있다.

　그러나 그리스도교 이전의 고대 그리스와 로마를 살펴

보면, 우리는 거기에서 유사한 은유를 찾을 수 있다. 크세노파네스(Xenophanes, B.C. 6세기~미상)*에 의하면 신성(神聖)은 '모든 것을 보고, 느끼고, 듣는 것'이다.[28]

플라톤은 철학사에서 매우 중대한 '마음의 눈'과 '육체적인 눈', 즉 한편으로는 온갖 종류의 결점과 착각을 대상으로 하는 생리적 인식과 다른 한편으로 '마음', '정신' 그리고 '이성'의 진정한 통찰력의 대조를 소개한다. 그리스인들은 '육체적인 눈'이 모든 감각 중에서 가장 예민하지만, 그것이 지혜나 사물의 정수를 통찰하는 데에는 기여하지 못한다고 생각했다.(『파이드로스 phaidros』)** 지식이 인식의 매개체로 연관된 이후로, '마음의 눈(이성의 눈, oculus rationis)'은 영적이고 지적인 이해가 가능한 반면에 '육체적인 눈'은 단순하게 물질의 외피만을 보게 된다.

이러한 관점은 아리스토텔레스(Aristoteles, B.C. 384~B.C. 322), 마르쿠스 아우렐리우스(Marcus Aurelius, 121~180), 루크레티우스(Lucretius, B.C. 96~B.C. 55)에 의해 수세기에 걸쳐 별 이견 없이 공유되었다. 그들은 모두 진실은 '마음의 눈'을 통해서 유일하게 인식된다고 생각했다.

* 고대 그리스의 방랑시인이자 철학자, 종교 사상가. 오직 하나의 신만 존재한다고 주장했다.

** 플라톤 철학의 정수로 일컫는 대화편. 아름다운 강변 숲속에서 이루어지는 파이드로스와 소크라테스 두 주인공의 대화로 이루어졌다.

* 플로티누스는 고대 후기 그리스 철학자다. 플라톤 사상에 몰두한. '신플라톤 주의의 창시자'다.

** 존재하지 않는 곳이 없음. 하나님의 초월성과 편재성을 강조할 때 사용되는 표현이다. 범신론과 구별된다.

플로티누스(plotinus, 204~270)*에게 눈은 실제로 빛처럼 생기가 불어넣어진 존재였다. 그것은 빛 자체였다. 일반적인 신(新)플라톤주의자들은 현대 사회에서는 당연한 것으로 간주되는 몸과 마음의 분리를 인식하지 못했다.

그것은 중요도가 낮은 순서에 따라 우선, 신체 및 관능적인 지각의 '무지한 눈', 그리고 철학적인 합리성의 영역에 의해 훈련되었고 사물의 본질을 통찰할 수 있는 '마음의 눈', 마지막으로 최상위로서의 '영혼의 눈'으로 신의 지식에 대해 봉사하고 어떤 의미에서는 영원을 향한 창문이다.

이 모든 인식론적 차이, 상징 그리고 고대의 명언들은 또한 금언집[29]과 고대 연극 문학[30]에서도 발견된다. 지중해 연안 국가에서는 그것이 눈의 상징을 포함한 대중적인 부적의 형태로 오늘날까지 남아 있다. 주로 상점 표시, 배, 차, 문, 마룻바닥 등에 남아 있는 이 눈의 목적은 분명하다. 즉 악령, 특히 저주의 눈을 막아내기 위해서다.[31] 따라서 그것들에는 엑소시즘(exorcism)의 성격이 있다.[32]

그래서 눈은 무소부재(Omnipresence, Ubiquity)**이며 본질과 외양, 내부와 외부, 신과 인간, 현세와 내세, 그리고 경험과 규범으로 나누는 이분법의 다양한 상징 로마 군인이자 역사가다.
이다.

그것은 엑소시즘과 사랑에 대한 마법, 믿음과 신화적 통찰력에 대해 보편적으로 이해할 수 있는 지표로 나타난다. 철학자들에게 '눈'이란 지적 인식뿐만 아니라 생리학적 감각에 대해 행하는 지각과 인식의 보편적 상징이다.

경험적·규범적·종교적·신비주의적·과학적이고 학문적인 맥락들에 주어진, 이처럼 무엇을 선택해야 할지 모를 다양함을 주는 상징 때문에,[33] '정의의 눈(Justitiae oculus)'이 고대 그리스-로마의 고전에서 불쑥 나타나는 것을 발견하는 일은 그다지 놀랍지 않다. 그리스의 '정의의 눈(디케의 눈)'은 암미아누스 마르켈리누스(Ammianus Marcellinus, 325/330~391년 이후)*에 의해 이미 기원전 4세기에 기록되었다. (영원한 정의의 눈이 지켜보기 때문에.)[34]

이 은유는 공정한 재판관 또는 그의 판결을 위해 사용되었는데, 좀 더 일반적인 의미로는 그 어떤 것들도 '정의의 눈' 앞에서 숨을 수 없음을 의미한다. 따라서 사회는 그러한 정의를 수호하기 위해 그들의 눈으로 감시해야 한다는 것이다.

여기에서 우리는 모든 것을 알고, 모든 것을 살펴보며,

* 제우스와 테미스의 딸 디케와 그녀의 추한 상대. 아디키아(Adikia, 不義)와 아스트라이아(Astraia, 정의의 여신), 디카이오시네(Dikaiosyne, 정의), 그리고 네메시스(Nemesis)의 다소 모호한 형상들을 말한다.

** 르네상스시대의 학자. 세계주의자이자 근대 자유주의의 선구자다. 저서로는 『격언집(Adagia)』(1500), 『우신예찬(Moriae Encomium)』(1511), 『대화집(Colloquia)』(1518) 등이 있다.

그 앞에서는 아무것도 숨길 수 없기 때문에 공정하게 심판할 수 있는 최고의 신이 행사하는 정의의 개념과 함께 고대의 모든 법규에 내재된 종교적 배경을 느낄 수 있다.

판단은 그것이 지식이나 사물의 표면을 뛰어넘는 통찰에 근거를 둘 때 '공정'하며, 공정성(Epieikeia) 또는 형평성(Aequitas)에 부합해야 한다. 이 책에서는 그리스 시대 식으로 정의된 도상학을 세부적*으로 더 들어가서 연구하지는 못했다.[35] 그럼에도 날카롭고 예리하게 모든 것을 보는 시선이 디케(Dike)에서 비롯된다는 점에 주목하는 것은 흥미로운 일이다.[36]

비록 그리스의 영향으로 '정의의 눈'이라는 개념을 로마의 법률 용어로 가져왔다는 것은 의심할 여지가 없지만, 로마법의 아포리즘 경구들 사이에서 중요한 역할을 차지하지는 못했다.[37]

그 이유는 로마법의 절제성이, 풍부한 비애와 도덕적 상투어에 비교적 덜 수용적이었기 때문이다. 16세기 중세문학의 저명한 학자였던 에라스뮈스(Erasmus, 1466~1536)**는 '고대인'의 경구와 격언을 수집해 편찬했는데, 그는 '디케의 눈 즉 정의의 눈(Dikes ophtalmós, Justitiae oculus)'이라는 제목에 주목했다. 그것은 양심적이고 청렴한 판사나 정의로운 판정 그 자체를 뜻하는 칭호였다. 에라스뮈스는 정의의 눈을 『수다(Suda)』*에서 인용했다.

아울루스 겔리우스(Aulus Gellius, 123?~165?)에 의해 기록된 크리시포스(Chrysippos, BC 280?~BC 206?)**의 인용구에는 '정의의 눈'이 엄격하고 직선적이며 움직이지 않는 것으로 묘사되었다. 왜냐하면 그것은 고결한 일직선의 길(응시)에서 조금도 일탈하지 않고 올바르게 재판하기 위해서다. 그는 또한 자신이 말한 유명한 라틴어 영웅시를 인용한다.

"모든 것을 주시하는 것이 정의의 눈이다."[38]

이러한 은유는 유일신 종교에 완벽하게 부합한다. 여기에서 정의는 다른 무엇보다도 먼저 정황과 상황의 사실에 매우 주목하는 것이 처음의 미덕이다. 심판의 강직함과 청렴함의 미덕이 그 뒤를 따른다.

이것은 유스티티아(Justitia)에 대한 이후의 묘사들이 '모든 것을 보는 눈'을 양쪽 다 뜨고 있거나, 눈가리개를 하고 있는, 즉 둘 중에 무엇을 보여주는지를 설명한다. 이러한 묘

뤼네부르그 시청에 있는
〈눈이 먼 유스티티아〉
(18세기 초).

사에 따르면 정의의 여신 유스티티아는 '그 사람의 명성에
주목하지 않고' 제시된 사실들을 파악하는 데만 집중한다
는 것이다. 훨씬 나중에서야 눈을 완전히 가린 유스티티아
가 예측할 수 없는 정의를 대표하게 되었다.[39]

그레이브랏, 〈불평등〉(1791).

이러한 사실들은 우리에게 다시 실러를 살펴보게 하는데, 1784년에 쓰인 희곡 「군도」의 2막 2장에서 그는 다시 한 번 선언한다. "악당은 '정의의 눈'을 흐리게 할 수 있다. 그리고 다른 부분에서 정의는 때로는 황금의 이익을 위해 못 본 체한다."[40]

우리는 한쪽 눈을 가리고 멍하게 서 있는 법의 형상 앞에서 '불공평'이나 '편파'가 자신을 떠미는 우화적 묘사를 찾을 수 있다. 그러나 이렇게 장님 상태나 외눈 상태로의 변형보다 더 중요한 것은 모든 것을 보는 하나님의 눈으로부터 물려받은 '정의의 눈'의 감시다.

공정한 심판자는 신과 같이, 그가 판결을 내려야 하는 문제의 '진정한 사실'에 대해 결정해야 하고, 신처럼 올바른 결론을 이끌어 내야 한다.

만일 '정의의 눈'과 눈을 뜨고 있거나 눈이 가려진 유스티티아와 밀접하게 관련된 상징(알레고리)들이 일신교의 신의 개념과 연관된 것이 맞다면, 그리고 다신교 신들의 천국과 연결된 것이 맞다면, 우리는 17세기와 18세기 유럽의 상징적 세계에서 나타나는 정치적·신학적 언어의 의도적 융합에 대해 자세히 살펴보아야 한다.

이 시기 그리스도교의 신은 천상의 수행단에 둘러싸인 주피터(Jupiter)와 다르지 않은 천상의 지배자로 등장한다. 이와는 반대로 세속적인 통치자의 이미지는 신학적 측면의 역할을 맡는다. 즉 전제주의 시대의 군주는 '지상의 신'이다.[41]

법의 우화
조반니 안드레아 드 페라리, 〈하얀 저택(Palazzo Bianco)〉(제누아, 1620).

누구나 예상하는 것처럼, 눈에 대한 은유는 이러한 융합을 경험했다. 우리는 이미 17세기의 교회에 널리 퍼져 있는 삼위일체의 전지(全知)의 상징으로서 '신의 눈'의 삼각형에 대해 이야기했다.

동시에 '신처럼' 자신의 국익과 시민의 안녕을 보살피는 군주의 눈을 가짐으로써 그것은 여러 공국(公國)의 상징물로 일반화되었다. 또한 유스티티아는 1620년경 조반니 안

* 17세기 독일의 예수회 수사이자 학자로 동양학, 지질학, 의학 분야의 서적들을 저술했다.

드레아 드 페라리(Giovanni Andrea de Ferrari, 1598~1669)에 의해 가슴 앞에 '감시의 눈'을 갖게 된다.

내가 '융합'의 지점이라고 언급한 것은 17세기의 신학, 과학, 그리고 정치적인 세계의 복합성 때문이다.

당시의 신학과 과학은 20세기 '현대' 과학 이론에서 주장하듯이, 거의 양립할 수 없는 것은 아니었다. 대다수 과학자(코페르니쿠스, 브라헤, 케플러, 뉴턴)는 신학과 자연과학의 진리가 결합할 수 있고, 자연법과 자연법에 의한 자연권은 같은 신의 질서의 열매라고 믿었던 그리스도인이었다. 이는 『자연의 서(The Book of Nature)』(제임스 애턴)에 기록된 진리가 요한계시록에 기록된 것과 동일했다는 것을 의미한다.[42] 신은 그의 '천상의 군대'와 함께 있는 전지전능한 천국의 왕이었으며, 그의 법은 자연과 인간, 인류를 모두 똑같이 지배했다.

로마에 살았던 예수회 회원 아타나시우스 키르허(Athanasius Kircher, 1601~1680)*는 바로크의 석학이었고, 천재적인 카탈루냐의 과학자 라이문두스 룰루스(Raimundus Lullus, 1232/33~1316)의 계보를 이어 종합 과학 시스템을 마련한 이집트 학자였다.[43]

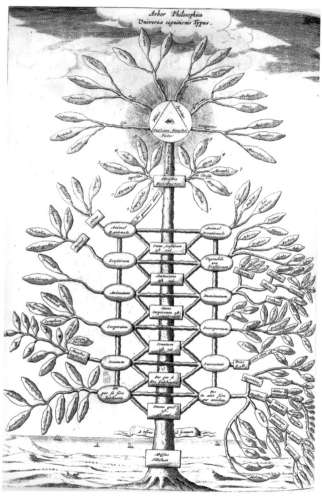

라이문두스 룰루스의 철학(세계관)의 나무
아타나시우스 키르허, 『위대한 과학의 업적 V』(암스테르담, 1669).

* 고대 이집트의 신. 죽음
과 부활의 신. 명계(冥界)의
지배자. 태양신앙과 함께
이집트 종교의 기본 요소가
된다.

그는 자신의 저서인 『위대한 과학의 업적(*Ars Magna, Sciendi sive Combinatoria*)』 중 세 번째 책에서 가장 높은 왕관의 자리에 신의 눈을 그려 넣었고 완벽한 형상의 원 안에 삼위일체 삼각형을 장식했다.[44]

과학의 형상이 포함된 그의 『위대한 과학의 업적』 속표지에는 그녀의 머리 뒤에 후광처럼 찬란한 태양이 비추는 형상 위로 '신의 눈'이 있다. 그녀는 오시리스(Osiris)*의 눈으로 장식된 홀을 들고 알파벳을 가리킨다.

전지전능한 삼위일체의 징표 아래 이 과학은 인류에게 모든 지식의 열쇠를 제공한다. 그럼으로써 인류를 신처럼 만든다. 오시리스의 홀이 이집트의 모티브를 소개하는 것은 우연이 아니다. 동시대의 많은 사람처럼 아타나시우스 키르허는 이집트 학문의 위대한 비밀에 매료되었고, 상형문자를 해독하는 일에 지대한 관심을 가졌다.

홀 위의 눈은 해부학적으로는 독특한 상징인데 17세기에 특히 자주 발견된다.

오시리스의 눈은 현명함과 공정한 규칙의 징표다. 눈은 모든 것을 포괄하는 배려와 통제를 상징하고, 홀은 권위 있는 힘을 상징한다. 이러한 홀은 유명한 통치자들이 자

아타나시우스 키르허의 「위대한 과학의 업적」 속표지.

모든 것을 살펴보는 인간의 상징들(1695).

* 그리스의 역사가. 기원전
60년과 30년 사이의 세계
사『비블리오테카 히스토리
카』를 저술했다.

신들의 정의에 따라 특별하게 지니게 되었다.
이집트의 신이자 왕인 오시리스의 상형문자
표시가 눈인데, 그것은 정의의 전형으로 여겨
졌다.

디오도로스 시켈로스(Diodoros Sikeliotes)*에 따르면 상
형문자를 연구했던 그리스인들에게 눈은 '정의의 수호자이
자 육체의 보호자'로 표기되었다.[45]

이집트 상형 문자에 나온 오시리스의 눈
고대 이집트 제19왕조 람세스 2세의 왕비 네페르타리의 무덤.

17세기의 상징적인 은유를 연구한 학자들은 자신들의
중요한 사상적 기반을 플루타르코스(Plutarchos, 46?~120?)
에 두었는데, 그들은 홀 위의 눈을 오시리스의 징표로 설명
했다.[46]

아래의 논평에 따른다면 상징적인 전형에 오시리스보다
더 어울리는 것은 없다.

그의 홀은 정의를 의미하고 지속적으로 활성화된 신성한
징표이며 경계의 영혼이다.[47]

눈 모양의 홀이나, 눈이 있는 펼쳐진 손에 들려 있는 홀

은 정확히는 계몽전제군주 시대의 입법자로서 사후에 명성을 찾으려 했던 통치자들에 의해 상징으로 선호되었다.

왕이
가장 기뻐하는 일은
법의 힘을
갖는 것이다

　17세기와 18세기 정의와 통치의 상징은 유대-그리스도교와 이집트 그리고 그리스-로마의 기원에 의지한다. 이러한 흐름에서 각색된 것은 모든 사람을 보살피고 모든 것을 통제하는 전지전능한 '통치자의 눈'이다.

　중세에서 근대 초기로의 전환기인 15세기 후반기부터 군

* 마르틴 루터의 종교개혁 운동의 결말을 가져오게 한 제국의회(帝國議會)의 결의. 이 결의로 루터의 신앙은 가톨릭 신앙과 동등한 권리가 인정되었고, 루터파의 제후와 도시는 가톨릭 주교(主敎)의 지배에서 벗어나게 되었다.

주는 세상의 모든 관심을 자신에게만 집중시켰다.

군주와 그의 궁정은 새롭게 떠오르는 큰 국가들이나 개별 직할지들의 중심 세력이 되었다.[48]

구질서는 쇠퇴하였다. 독일에서는 아우구스부르크 종교회의(1555)*와 30년 전쟁(1648) 사이의 수십 년 동안 많은 도시와 귀족, 교회는 여러 가지 이유로 패배하는 쪽에 서게 되었고, 영토 지배자로서 국왕(최초의)이 중앙 정치의 중심 인물로 부상하였다.

도시들은 주로 경제적 이유로 그 지위를 잃었다.[49] 귀족들은 봉건 체제의 틀 속에서 중세 군대의 기능을 지속적으로 유지할 수 없게 되었다.

종교개혁 이후로 교회는 분열되었고, 교회의 많은 분파들은 자신들이 존재하는 영토의 통치자들이 종교 지도자가 아니더라도 그들에게 협력했다.

군주에게 집중된 태양은 이제 다른 모든 것을 무색하게 하며 빛나기 시작했다. 그 빛 안에서 빠르게 성장하는 궁정, 중앙 집중화된 국가의 행정 기구, 중간 및 하급 기관, 군사 기구, 영토의 재무행정 기관 등이 생겨났다.

이 모든 것이 '근대국가'[50]로 결합되었다. 그것의 핵심은 '통치권'이었다.[51] 아주 많은 것이 이 말에 함축되어 있다. '통치권'은 통치자 개인의 모든 권리가 포함되는, 대단히 중요하고 새로운 법적 개념이 되었다. 통치권은 나눌 수 없고 양도할 수 없는, 최고의 것이 되었다.

다른 무엇보다도 최고 통치자인 하나님의 신학적 이미지가 세속화되었고, 그 이미지가 '군주'라는 형상으로 변화되었다. 군주는 전능한 신의 세속적인 대표자였다. 군주의 눈은 자신의 국민을 마치 신의 눈처럼 지키고 감시한다.

루이 14세가 자신의 상징으로 정한 태양 문장(紋章)에서 신과 군주는 일치되었고, 더 정확하게 신은 거의 신성 모독적인 방법으로 제거되었다. 이러한 새로운 전개로 인해 특히 비잔티움의 오랜 전통인 태양신 헬리오스(Helios)와 지배자의 신분을 동일시하게 된다. 빛남, 아름다움 그리고 생명을 주는 힘이 통치자로부터 뿜어져 나온다.

군주는 다른 사람들처럼 잠자지 않고 눈을 부릅뜬 채 자신의 왕국을 감시한다. 어쩌면 이 자연스러운 불면증은 '영원한 감시'의 선전 도구가 된다. 그리고 모든 것을 통제한다는 군주의 주장은 다음과 같은 전제 조건에 기반을 두고

루이 14세를 해 만든
장 와린(Jean Warin)의
메달.

있다. 영원한 감시를 통해 그는 모든 것에 대해 잘 안다는 것이다. 다른 사람들이 잠이라는 자연적 욕구에 굴복하는 동안, 불굴의 통치자는 신과 같이 깨어나 살펴보고 일한다. 멀리서 자신의 국민들이 볼 수 있도록 밤새 불 켜진 궁전의 방들이 이런 증거를 제시한다.[52]

깨어 있는 통치자에 대한 문학적 찬가(讚歌)는 20세기 에리히 바이네르트(Erich Weinert, 1880~1953)*가 쓴 '크레믈린은 여전히 빛난다(Im Kreml ist noch Licht)'[53] 라는 시 구절에서 그 빛을 발한다.

* 독일의 작가. 1943년에 동독의 대통령으로 선출되었다.

48

헝가리 보헤미아 레오폴드 I 세(1640~1705)
대관식 문양(빈대학교 박물관, 1657).

프랭크 필립 플로린(Frank Philipp Florin)의
동판화(1751).

　　로마법 또한 17세기부터 18세기에 신과 같은 위치의 통
치자라는 과장된 이념적 토대를 제공했다. 통치권은 군
주제의 거의 절대적인 힘을 합법화하는 수단으로서 고대
그리스-로마에 있었던 정형화된 법 격언("왕은 법의 테두
리 안에 있지 않으며, 왕이 가장 기뻐하는 일은 법의 힘을 갖는 것
이다princeps legibus solutus, quod principi placuit, legis habet
vigorem.")에서 직접 차용되었다.

『크리스천 군주의 정치 원리』의 속표지.
아타나시우스 키르허(암스테르담, 1672).

명백하게도 '순수한' 절대주의란 거의 존재하지 않았음에도[54] 통치자들에게 종교적·법적 지배자로서의 의무가 강조되었다. 이러한 용인된 원칙에도 예외는 존재했다. 이러한 원칙과 법적 제약이 유럽의 상징 중에 중요한 요소를 형성했다.[55]

* 신성로마제국의 황제 카를 6세의 장녀로 태어나 합스부르크 왕가의 유일한 여성 통치자가 되었다.

지상의 신[56]으로서 하나님의 눈[57]은 군주의 머리 위의 태양에 야훼의 표시[58]인 그리스도의 모노그램과 십자가[59]가 빛을 발한다. 그것은 황후 마리아 테레지아(Maria Theresia)*처럼 경건한 통치자의 경우뿐만이 아니라 루터교의 정치 신학 세계에서도 마찬가지로 '신(지극히 높으신 분)'이 군주의 위에 있었음은 말할 필요도 없었다.

이 이미지는 군주 위에는 오로지 하나님만이 존재한다는 점을 강조함으로써 전제 군주의 지위를 높이려는 도구로 이용될 수 있다. 결국 군주는 인간의 책임으로부터 벗어난다는 것이다. 그러나 이것은 또한 군주가 기억해야 할 경고일 수도 있는데, 언젠가 그가 하나님에게 대답해야 한다는 것이다.[60]

이러한 의미에서 신의 눈은 대관식 기념 메달[61]과 군주에 대한 다른 많은 묘사와 그가 행한 법의 집행에서도 발견된다. 법은 신의 감독에 있었고, 군주와 재판관의 법은 그리

게오르크 아담 스트루베의 『신타그마 민법』 속표지(1718).

스도교 가치와 통합되어 있었다. 법 위에는 신 * 독일의 법학자다.
의 눈이 있는데, 예를 들어 게오르크 아담 스
트루베(Georg Adam Struve, 1619~1692)*의『신타그마 민법
(*Syntagma IURIS CIVILIS*)』의 속표지나 1737년 법의 위대한
우화가 그것이다. 즉 유스티티아를 중심으로 재난을 막아
내고 나날이 번영하는 독일제국위원회(Reichshofrat)와 독
일제국대법원(Reichskammergericht)이 그 옆에 서 있다. 그
녀 위로 태양 같은 신의 눈이 계속해서 지켜본다. 비록 삼
위일체의 삼각형이 없는 눈이지만 이는 너무 노골적으로
가톨릭식 이미지로 해석하는 것을 피하기 위해서다.

　따라서 우리는 1789년 이전의 '눈'에 대한 전통적인 세
가지 흐름을 찾을 수 있다. 바로 그리스-로마, 이집트, 그리
고 유대-그리스도교의 눈이다.[62] 그들은 모두 필요한 보상
이나 구원의 '감독'뿐만 아니라 신성한 섭리와 경계, 배려
깊고 좋은 지배라는 신의 전지전능과 정의의 개념으로 수
렴된다.[63] 끊임없이 감시하는 절대자 하나님 이미지는 군
주가 세상의 신으로 변모하고 확장되면서 세속화된 은유로
스며들었다.

　잠깐 18세기 중반에서 멈추어보자. 여전히 신의 전지전
능에 대한 초월적 근거들이 존재하는 것처럼 보이지만, 그

요한 다니엘 프레이슬러의 동판화(1737).
레겐부르크시립박물관 소장.

것은 세속화된 정치의 모순된 흐름 때문에 약해졌다. 16세기 이후부터 종교와 도덕적 정책에 대한 국가 이성의 정당성에 대한 치열한 논쟁이 전개되었다. 30년 전쟁 이후, 신의 눈 아래에 '그리스도교 정치' 혹은 '그리스도교 국가'에 대한 개념은 단지 간헐적으로만 설명되었다. 그 이후, 자연법의 더욱 추상적이고 교파를 초월한 개념들이 순수하게 성서의 논증들을 대신했다. 동시에 바로크 시대가 끝날 때까지 여전히 강력했던 고대 그리스-로마의 이미지는 군주나 재판관들에게 요구되어야 했던, 실질적인 정의의 이상을 전했다.

결론적으로, 오시리스의 사례에서 나타난 바와 같이 계몽주의에 매력을 느낀 이집트를 중심으로 한 비그리스도교 세계가 있었다. 그것은 모든 교단의 외부에 존재하는 새로운 세계였다. 신비로움이 가득한 세계의 상대자로서 계몽주의의 빛의 상징이 필요하다는 사실에 매력을 느끼게 되었다. 예를 들어, 프리메이슨의 의식은 이러한 필요 요소에서 형성되었다. 이집트는 참으로 고결한 미덕과 진정한 관용과 지혜의 땅처럼 보였다.[64] 여전히 판독되지 않은 이집트의 신성문자들은 눈의 비유와 상징에 사용될 수 있는 재료를 풍부하게 제공했다.

프리메이슨의 메달과 동전에는 비록 1772년 이전에는 아니지만, '빛나는 눈'과 삼각형이 특징으로 자주 나타난 다.[65] 따라서 우리는 최소한 원칙적으로는 신의 전지전능과 감독이라는 정형화된 표현이 세속적 권위로 전환되는 방법과 그리고 어떻게 세속적 권위가 차례차례 신과 동일한 위상을 확립해 가는지를 추적하기 위해 유대-그리스도교, 그리스-로마, 이집트의 모티브를 구분해야 한다.

V

진리가 아니라
권위가
법을 만든다

눈이라는 주제를 따라가면 마지막 단계에서
는 정치권력의 휴브리스(Hubris)*뿐만 아니라
진일보한 세속화, 비인격화를 분명하게 보여준
다. '법의 눈'이라는 표현이 나타나기 훨씬 이
전에 우리는 이미 유럽 법 역사에 구체화되고

* 영국의 역사학자이며 문
명비평가인 토인비(Arnold
Joseph Toynbee)가 역사
해석학 용어로 사용하면서
유명해진 말이다. 신의 영
역까지 침범하려는 정도
의 오만을 뜻하는 그리스어
(語)에서 유래한 용어로, 영
어에서도 지나친 오만, 자
기 과신, 오만에서 생기는
폭력 등을 의미한다.

확고하게 자리 잡은 두 가지 중요한 경향을 볼 수 있다.

하나의 경향은 '인간이 아닌 법에 의한 정부(Government by law and not by men)'[66]라는 유명한 격언에 나타나 있는 지배권의 진보적 객관화다. 또 하나의 경향은 형이상학적으로 기원된 정의가 형식화된 법 질서에 이르는 긴 발자취로 묘사할 수 있다. 이것 또한 유명한 격언인 '진리가 아니라 권위가 법을 만든다(Auctoritas, non veritas facit legem).'[67]로 표현된다.

두 가지 경향 모두 현대에서는 약해진 전제군주제에서 지배와 정의의 신성함의 근본적 요소에 의해 융합된다. 그들의 위치는 공익과 명령할 수 있는 주권의 정식 명칭을 정당화함으로써 자리 잡는다. 중세 시대에는 법이 본질적으로 유효했다. 왜냐하면 그것은 전통으로 전해내려 온 것이었기 때문이다. 오래된 것이고, 이미 받아들여진 것이며, 좋고 바른 것이었다. 그러나 17세기 이후부터는 지배자의 명령을 통해 법이 효력을 갖게 되었다. 장 보댕(Jean Bodin, 1529?~1596)에 따르면, 군주는 명령할 수 있는 사람이며, 명령할 수 있는 사람이 군주다. 법에서 가장 중요한 것은 법의 내용이나 주체가 아니다. 블레즈 파스칼(Blaise Pascal, 1623~1662)이 반어적으로 '피레네산맥 쪽에서는 진리, 건

너편에서는 오류(Véitéaudessus des Pyrenés, véitéaudelà)'라고 지적했듯이, 놀랍게도 진리는 지리학의 문제처럼 되어 버렸다. 토마스 홉스(Thomas Hobbes, 1588~1679)에게 최종적으로 공인된 지배자의 의지 덕분에 법의 유효성을 충분히 승인할 수 있었다.

초기의 근대국가는 입법국가다. 그것은 법을 통해 사회를 형성하고 '학습된 시스템'으로 법적 규범을 구현하기 위해 필요한 기관을 구성하고, 인원을 확보함으로써 스스로 국가가 되었다.

그것은 최근의 법이 이전의 법을 대체하는 혁명적 규칙으로 과거의 법을 파기한다.(신법은 구법을 폐지한다.) 이러한 전통(구법)과의 단절은 법(신법)을 제정해 사용하는 지배자의 의지로써만 성취될 수 있다.

초기 근대사회에서 입법의 이러한 포괄적 가능성은 진리의 개념을 훼손하는 것과 밀접한 관련이 있다. 진리 문제에 대해 어떠한 합의에 도달할 수 없었던 신학자와 철학자의 갈등은 17세기에 법의 진리보다 평화와 질서를 선택했다. 시민들은 불평하지만 그들은 법에 복종해야 한다. 신의 눈이나 지배자의 눈이 법률의 형태로 시민들을 감시한다. 당연히 지배자들에게 이것은 또한 독단적 결정이 점점 배제

되어간다는 것을 의미했다. 군주가 제정한 법은 지배권을 객관화하고, 그 법과 더불어 창조되는 제도적인 구조를 익히게 했다. 따라서 현대의 군주는 법을 지배하려는 수단으로 활용했다. 하지만 그것은 또한 자신의 행동의 범위를 제한했다. 법을 통해 지배하려는 자는 그 자신 또한 싫든 좋든 그 법에 속박을 받기 때문이다.

미국이 1776년부터 새로운 헌법 이론의 기초를 마련할 때, 통치의 핵심 도구로서 법의 개념은 특정한 측면에 모두 집중되었다. 자유로운 땅에 있는 자유로운 사람들은 스스로 자신들의 지배자가 되었다. 사람들은 그들 모두가 승인한 '법'이라는 수단으로 자신들을 스스로 지배했다.

그때부터 사회를 감시하는 신이나 군주는 없었다. 법은 잠들거나 졸지 않는 경호원이 되었다. 신에서 군주로, 군주에서 법으로 변해가는 일련의 과정에서 근대국가 이론의 모든 중요한 개념은 '세속화된 신학적 개념'이라는 카를 슈미트(Carl Schmitt, 1888~1985)의 유명한 말을 확인시켜 준다.[68]

사실상 만물의 중심이며, 만물을 창조했고, 모든 것을 의존했거나 보았던 중세와 중세 후기의 신은 근대로 전환되는 시기에 새로운 문맥으로 통합되었다. 비록 신이 최상

위의 위치를 잃지는 않았지만, 세속적 조건들에 의해 점점 천국을 비유하는 표현으로 해석되었다. 이에 따라 신의 세계와 지상의 세계가 분리되었다. 마르틴 루터(Martin Luther, 1483~1546)의 '두 왕국 교리'뿐만 아니라 마키아벨리(Niccolò Machiavelli, 1469~1527)의 영향으로 정치의 세속화에서도 신과 지상의 분리는 명확해졌다. 군주들은 지상의 신이 되었다. 그들은 자신들의 영토 안에서 '전능'을 열망했다.

모두에게 적용되는 단일 국가법을 위해 중세의 법 영역을 줄이려고 다방면으로 노력했다. 또 영지 중심의 질서가 지속되었지만, 사유지 폐지를 통해 개인들의 연합을 해체함으로써 사람들을 잠재적으로 평등한 국민으로 만들었다.

정상에 있는 군주를 위해 조직된 국가 기구는 모든 가치 있는 지식을 모으기 때문에 '전지전능'을 창조해낸다.

이 '세속의 신'들은 일신교를 절대적으로 주장했고, 가능한 한 모든 곳에서 다른 나라의 지배자들에 대한 봉건적 연대를 해체하였다. 즉 국가의 공무원은 다른 신들을 위해 봉사하지 않는다. 전능한 신의 자리는 전능한 지배자인 군주에게 양도되었다. 군주의 지배 도구는 명령하는 힘이었다.

전쟁이나 평화 상태에서 명령하는 힘은 통치권의 식별 기준이고, 개인이나 집단 혹은 '모든 국민'에게 가리지 않고 적용된다. 후자의 경우 명령은 '법'으로 불린다. 그러한 점에서 법은 확실히 세속화된 신학적 개념이다. 예정할 수 없는 수의 사례들을 위해 제정된 추상적 규범으로서 법은 신성한 행위의 모범이다. 초기 근대국가는 법을 그 중심에 두고자 했는데, 이는 주어진 최상의 힘과 최상의 지혜에 의해 확립된 질서의 고유한 기운을 신학적 기원에서 가져오기 위해서다.

종교전쟁과 종파 전선의 약화로 신학의 권위는 16세기 후반에 쇠퇴했다. 프랑스, 영국, 네덜란드, 그리고 독일의 영토에서는 국가가 자신의 법을 제정했다. 남아 있던 종교 기관들은 국가체제에 편입되었다. 신은 여전히 지배자의 행동을 정당화하는 공식이었고, 신의 눈은 지배자들을 감시했지만, 매일 매일의 변화는 국가가 제정한 법과 세속적인 힘에 따라 결정되었다.

신의 눈은 신의 세속적인 총독으로서의 군주에게 옮겨갔다. 군주의 '전지'는, 비록 그것이 허구일지라도, 법의 공정한 내용을 정당화하는 데 중요한 기초가 되었다. 만일 규범을 제시하는 사람이 모든 것을 알고 그것을 고려한다는 것을 인정할 수 있다면, 법이 그 군주의 공정한 의지의 소산이었다고 추정할 수 있었다.

17세기와 18세기를 거치면서 이러한 화려한 이미지는 퇴색하였다. 예를 들어 17세기 초기의 독일 헌법에 따르면 경건한 그리스도교인으로서만 생각될 수 있는 군주는 그의 그리스도교 신앙, 경건함, 형이상학적인 연결의 연속적인 환멸에 휘말리게 되었다.

17세기의 비참했던 유럽의 '30년 전쟁' 때 사람들은 노골적인 이익과 권력 정치를 경험했다. 때때로 강제로 그들의 종파를 바꾸었다. 신념의 특별한 변종이 영토 지배의 역할을 명시적으로 언급함으로써, 신학적으로 평가절하되었다.[69] 이 전쟁의 목적이 진실한 종교를 추구하는 데 있다는 사실을 아무도 믿지 않았다. 대중적인 저작물들에서는 '종교적 사랑'이 '영토의 사랑'으로 바뀌었다고 선언했다. 새로운 영토의 통치자는 자신의 법률을 선포했고, 누구나 그것을 준수할 것을 요구했다. 그 법은 신의 의지나 다른 어떤 근거에 의해 정당화되거나 진리와 일치하는 것이 아니라 단지 군주로서의 권위에 근거했다. 그러나 그 과정에서 신만이 아니라 그리스도교 정신의 미덕을 가진 신 같은 군주 또한 사라졌다.

이러한 강조점이 바뀜으로써 법을 통치자의 위치로 발전시켰다. 실제 통치자들은 국가의 뒤쪽으로 물러났다. 왜냐하면 통치자가 개별적으로는 중요하지 않았기 때문이거나 이제 스스로를 '국가의 봉사자'나 국가를 인간(도덕적인 인간, persona moralis)의 '기관'으로 정의했기 때문이다. 법은 이러한 비인격화 과정을 통해 위상이 높아졌다. 이러한 경향의 논리적 귀결은 개인적 지배를 완전히 중단하고 법의 지배에 굴복하라는 요구였다.

VI

**모든 인간은
법 앞에
평등하다**

    만일 '법'이 지배하려면, 법 또한 교대로 지배를 받아야 한다. 약점을 가진 인간은 자신의 약점을 극복하는 대신에 18세기 성문화된 헌법이라는 상위의 법을 제정했다. 그것은 마땅히 지배 구조의 기반이 되는 원칙들을 선포하고, 법이 지켜야 하는 근본 원리를 포함해야 한다.[70] 이런 방

1달러 지폐에 새겨진
미합중국의 국새.

식의 세속화, 비인격화, 지배의 객관화의 경향
은 신으로부터 지상의 신인 절대군주로, 절대
군주에서 국가라는 레비아탄(Leviathan)*의 인
격화된 신으로, 그리고 국가에서 신격화한 법
(헌법)으로 이끈다. 평화와 자유를 실현하는 세속적 이성
의 산물인 헌법이 결국 모두에게 수용될 수 있는 신의 섭
리(특정 종교로부터의 영향이 제거된) 아래에 최종적으로 자
리 잡는다는 것은 작은 놀라움으로 다가온다.

상징과 도상학은 관점의 근본적 변화를 수용했다. 1935

66

년 이래로 미국 1달러 지폐 뒷면의 오른쪽에는 긴 논쟁 끝에 1782년 3인의 위원회*에 의해 채택된 '미합중국 국새'가 있다. 그 왼쪽에는 꼭짓점에 황금빛 후광으로 둘러싸인 눈의 형태가 있는 4면의 피라미드가 있다.

* 미국의 상징물인 국새를 만들기 위해 벤저민 프랭클린, 존 애덤스, 토머스 제퍼슨이 모였다.

** 버질(Vergil)의 전원시 「아이네이드(Aeneid)」에서 따온 글이다.

'MDCCLXXVI(1776)'가 새겨진 피라미드는 미국 독립 선언의 상징이다. 그 위에 'ANNUIT COEPTIS(신은 우리가 하는 일을 좋아하시니라)**', 아래에 'NOVUS ORDO SECULORUM(새로운 질서의 시대)'[71]을 새겨 넣어 하나님은 새로운 시작을 축복했음을 나타낸다.

여기에서 신은 의심할 여지가 없는 그리스도교의 하나님이지만 그는 종파를 초월해 있으며, 상징은 종교적 차별을 피해 유럽을 떠난 미국인들의 관점에서 만들어졌다. 이집트 피라미드를 사용한 것은 프리메이슨 운동과 일루미나티를 암시하는데, 그것은 또한 계몽을 의미한다.[72]

달리 말하면, 18세기의 마지막 30년 동안 조심스러운 감시의 눈은 여전히 그리스도교의 삼위일체를 상기하지만, 새로운 창조의 질서를 확립하기 위한 변화의 중심으로 상징되었다. 그리스도교의 삼위일체는 과학적 지식과 사회의 피라미드 같은 구조체, 그리고 '국가'에 존재하는 세 가지 계급*의 통합을 대표하는 상징적 배열과 자리를 바꾸었다. 프랑스에서는 영지를 기반으로 한 계급사회가 국가로 변형되었으며 '법의 눈'은 탁월한 지위로 옮겨졌다.

미술사가(美術史家)인 볼프강 켐프(Wolfgang Kemp)는 자크 루이 다비드(Jacques Louis David, 1748~ 1825)**의 그림 〈테니스코트의 서약〉***에 대해 자신의 에세이에서 다음과 같이 썼다.

"온갖 종류의 빛과 연관된 상징들을 제외하고(떠오르는 태양, 번개, 어둠의 추방), 눈과 삼각형은 18세기 두 번의 위대한 부르주아지 혁명과 계몽주의의 가장 성공적인 상징물이다."[73]

볼프강 켐프는 그 증거로 1791년 전까지 세 계급(성직자, 귀족, 부르주아지)의 전통적인 상징 옆에 국가의 좌우명인 '국법과 국왕'이 포함된 제헌의회의 비네트(vignette, 장식 무늬로 책의 속표지·장章 머리·장 끝 등)를 사용했음을 언급했다.

1792년에 제헌의회(입헌의회)는 국가의 상징을 빛나는 눈과 월계관의 묶음과 자코뱅당원의 빨간 모자로 교체했다.

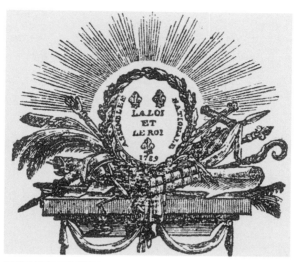

1791년까지 사용된
제헌의회 비네트.

1795년 사용된
국민공회 비네트.

코르들리에
클럽 회원 카드
(1791년 2월).

* 프랑스혁명기인 1790년 파리에서 결성된 대중적 정치 클럽이다. 공식 명칭은 '인간과 시민의 권리 친우회(Société des Amis des droits de l'homme et du citoyen)'다. 파리의 코르들리에 수도원에서 처음 회의를 열어 이 같은 이름을 얻었다.

** 1793년 4월 7일부터 1795년 11월 4일까지 프랑스에 존재했던 통치 기구다. 임시 기구였지만, 점차 국민공회의 가장 중요한 기구가 되었으며, 공포정치를 펼쳐 혁명을 추진했다.

여기에서 보이는 눈은 더 이상 신의 눈이나 왕의 눈이 아닌, 확실히 법의 주의 깊은 감독과 감시의 눈이었다. 이 상징의 표식 아래 자신들이 결정을 이끌어낸 의회의 구성원들은 볼프강 켐프가 말한 대로 '다중'의, 말하자면 '각각의 법으로 모든 것을 살피는 눈'이었다.[74]

1792년의 급진적인 코르들리에 클럽(Cordeliers Club)*의 회원들은 이 감시를 피할 수 없었다.

혁명은 이 감시의 눈으로 자신들의 상대를 주시했다. 1793년과 1794년 공안위원회**의 비네트는 전

1793년과 1794년의
공안위원회의
비네트.

투적이고 공정한 검과 저울을 휘두르는 공화국을 특징으로
삼는다. 비네트 안에는 'ACTIVITÉ(일, 활동)', 'PURETÉ(순
수성)', 'SURVEILLANCE(감시)'가 새겨져 있으며, 그 아래
'COMITÉ DE SALUT PUBLIC(공안위원회)'이라는 글씨가
뚜렷하게 보인다.

　그 당시 순수성은 혁명 이론의 순수성만이 아니라 필요
하다면 '숙청', 즉 적을 파괴하는 것을 의미했다.[75]

　24시간 깨어 있는 눈[76]은 더 이상 하나님의 섭리이거나
착한 군주에 의한 감독이 아니라 공화국에 위험을 줄 수 있

는 것에 대한 예민한 감시였다. 그것은 불평등할 수 있었다. 그동안 감시를 통해 혜택을 누렸던 구체제의 정치 권력들에 우호적이었던 모든 외부 세력도 감시를 피할 수 없었다. 법이 부르주아 사회의 독수리의 눈을 가진 수호자들을 보호자로 호출한 것 또한 범죄 행위가 될 수 있었다.

결론적으로 공화국의 무기와 군법의 '깨어 있는 감시'라는 메시지는 '외부의 적에 대한 전투는 법적 의무가 있다'는 뜻이었다.

따라서 오귀스트 봅(Auguste Boppe, 1862~1921)의 군법 비네트에 새겨진 리본 달린 메달의 'LA LOI(법)'이란 글자에 주목할 만하다.

사람들을 영주의 지배에서 법의 추상적 구속으로 전환하려는 노력은 프랑스 문법학자 프랑수아 위르뱅 도메르그(François Urbain Domergue, 1745~1810)에 의해 명확하게 드러난다. 그는 'Royaume(왕국, 군주제와 왕실의 규칙)'를 신조어 'Loyaume(법의 지배)'로 대체할 것을 제안했다. 이러한 제안은 1791년에 '법에 복종하는 국가, 위대한 제국을 표상한다!(représente un grand état, soumis au seul empire de la loi!)'와 같이 '철자의 변화'를 통한 창조를 칭송한 카미유 데뮬랭(Lucie Simplice Camille Benoist Desmoulins,

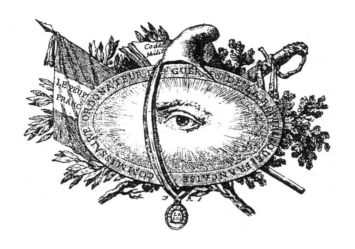

혁명 기간의 상징을 보여주는 오귀스트 봅의 군법 비네트(파리, 1911).

1760~1794)*에 의해 환호를 받았다.[77]

　1793년 8월 10일,** '법의 엄격한 눈이 두꺼운 구름을 관통하는 그림이 그려진 플래카드'가 파리의 대로를 따라 행렬을 이끌었다.[78] 그리하여 1793년에 와서야 비로소 '눈'은 이름을 갖게 되었다. 즉 '법의 눈'이다.

* 프랑스혁명 당시 혁명파의 저널리스트다. 반혁명파에 대한 관용을 주장하다가 처형을 당한다.

** 1792년 8월 10일 파리에서 일어난 튈르리 궁전 습격 사건. 이 사건으로 프랑스 왕권이 중지되고, 루이 16세와 마리 앙투아네트 등이 탕플 탑에 유폐되었다.

2수짜리 동전(베를린국립박물관, 1793년).

같은 해 2수(sou)짜리 새 동전이 주조되었다. 동전의 한 면에는 월계수 화환과 천평칭 저울과 프리지아 모자로 자유와 평등이, 다른 한 면에는 이전의 그리스도교적 상징인 포도 열매와 곡식의 낟알과 프랑스 공화력*의 두 번째 해를 뜻하는 'L'AN Ⅱ'이 새겨져 있다. 그 위의 명판에는 중요한 신조인 "LES HOMMES SONT EGAUX DEVANT LA LOI(모든 인간은 법 앞에 평등하다)."가 새겨져 있다. 그리고 명판 바로 위에 '법의 눈'이 있다.

1795년 '법원의 구성원'들이 입는 공식적인 제복에 대한 훈령에 의하면 '가슴에 빨간색과 파란색 줄무늬를 가진 백

색 리본에 은색 눈을 착용'해야 했다.

치안 판사는 가슴에 올리브 가지를 달고, 상아색 손잡이에 검은 눈을 고정한 성인 키 정도의 흰색 지팡이를 갖고 있어야[79] 했다. 손잡이 위의 눈에는 오시리스의 감시하는 눈이 또 있다. 이것은 모두를 위해 동등한, 오직 법의 엄격한 신중성만이 법 앞에 모두의 평등을 창조하고 보존할 수 있다는 메시지다. 그러므로 프랑스에서 법의 혁명적 발달은 '법의 신격화'로 묘사되었다.[80] 그것은 루소가 말한 '일반의지(Volonté Générale)'의 구현이다.

법은 이런 방법으로만 자신의 가치를 높인 것은 아니다. 왜냐하면 그러한 절차는 이미 16세기부터 외견상으로 나타났기 때문이다. 오히려 적어도 사람들의 의지와 연결되는 이론적 가능성이 완전히 새로운 세 가지 특성을 법에 부여했다. 첫째, 법은 군주의 위치를 차지하는 새로운 통치자다. 둘째, 법은 지속적 군주 권력을 감시하는 잠들지 않는 목자다. 마지막으로, 법은 국가 체계화의 완전한 언어다.

'법'은 새로운 신이 되었다. 왜냐하면 법은 이제 새로운 정치적 계층 구조에서 가시적이고 삶을 형성하는 유일한 표현이기 때문이다. 신학자들의 하나님과 지상에 있는 신의 대리인 절대군주는 모두 사라졌다.

제3계급(부르주아지)은 국가가 되고, 그들은 법을 통해서만 지배한다. 사람들은 법을 추상적인 대리인으로 삼아 자신을 스스로 다스린다. 이 근본적 변화는 포악한 군주와 부패한 행정, 부패한 판사와 군사적인 무법 상태에 의한 모든 억압에 대항한다. 또한 독단적 결정이 배제된 법의 언어적 정확성과 법에 명시된 원본의 불가침성에 의해 모두에게 적용할 수 있는 장엄한 '평등의 법' 앞에 그들을 세운다는 희망에 의해 이루어졌다. 이처럼 고통스러운 경험 때문에 늘 불안정한 '인간의 정부'는 이제 '법의 정부'로 대체되었다.[81]

새로운 통치자로서의 '법'은 이전에 하나님, 그 이후에는 지배자들의 것으로 여겼던 모든 특징을 갖게 되었다. 밤낮으로 유효한 법으로서, 끊임없이 경계하는 특징을 띠게 되었다.[82]

법은 잠들지 않고 항상 모든 곳에 적용되는데, 그 타당성의 영역을 넓힐 수 있는 데까지 확장한다. 이 법은 또한 미래를 제공한다. 법의 내용은 미래의 모든 법적 사례를 예측하고 해결책을 제안하기 위하여 세심하게 만들어져야 한다.

19세기의 판사는 몽테스키외(Montesquieu)의 3권 분립

에티엔 죄라(Etienne Jeaurat), 〈장 자크 루소와 혁명의 상징〉(카르나발레미술관, 파리).

에 따라 원칙적으로 '법을 적용하는 자'일 뿐이며, 자신의 역할을 단지 '법의 시종'이라고 정의했다. 해석자로서 판사는 기계적 복종 대신에 사고 과정에 참여했으며, 또한 일반적으로 불완전하거나, 잘못된, 침묵하는 원본에서 법조문—혹은 적어도 법의 정신—과 일치하는 해결책을 추출할 수 있었다.

하지만 19세기 후반에만 존재하던 판사의 이런 모범적 이미지는 점점 위태로워졌다. 판사 활동의 창조적이고 결정적인 요소들은 더 눈에 띄게 전면으로 드러났다.[83] 법적 토대는 산업혁명을 통해 확대되었다. 그러나 새로운 기술 또는 사회적 문제가 나타나면서 법의 틈이 드러나게 되었다. 신격화된 법이 포괄적인 통찰력을 가진다고 더 이상 말할 수는 없었다.

법은 프랑스혁명 이래로 단지 잠들지 않는 지배자만은 아니었다. 여전히 존재하는 기존의 군주 권력과 기구들에 맞서는 위대한 의회의 방어막이 되어야 했다. 혁명의 혼란과 혁명 이전의 '합법적' 왕가와 왕조의 연합인 나폴레옹 제국 이후, 옛 지배 가문들은 모든 곳에서 왕좌에 복귀했다. 그리고 그들은 더 이상 옛 지배 가문이 아니더라도, 어쨌든 베르나도테 왕가*의 경우처럼 합법성에 동화하려는 의지를 가진 '새로운 계층(Novi Homines)'이었다.

프랑스 '1814년 헌장'의 뒤를 이은 유럽 헌법들은 일관되게 신절대주의(Neo-Absolutismus)와 공화주의(Republikanismus) 사이에서 타협점을 찾았다. 독일에서는 독일 연방법의 제13조(1815)와 빈 회의의 최종 의정서(1820) 제57조에서 군주의 원칙을 강화했으며, 국민주권설 또는 의회 지배의 위험한 원칙들을 최대한 부정하거나 억누르는 방법을 찾았다.

만일 거기에 통치권(주권)이라는 부분이 있어야 한다면, 빈 회의의 최종 의정서 제57조에서 "그 새로운 힘은 단지 그들에게 '집행(Ausübung)'하는 것이며, 그것은 즉 그 힘은 있는 그대로를 빌려온 것이지 영원한 것은 아니다."라고 주장했다.

남아 있는 입헌군주국들은 이러한 정세에서 19세기 전반에 걸쳐 획득한 법을 유지하기 위해 헌법에서 보장된 '민중의 권리' 기능을 안전한 보호 방벽으로 추가했다.

1814년 이후, 판에 박은 듯 인권과 시민권, 헌법에 의해 부여된 기본권이나 자유를 언급하는 모든 헌법은 '법'에 의해서만 간섭받았다. 즉 의회의 동의와 규제에서만 그러한 간섭이 가능했다.

자유와 소유권, 상업의 자유, 종교의 자유, 집
회결사의 자유가 만일 관료들에 의해 방해받거
나 법에 의해 통제된 경우에는 고의적인 방해로부터 보호
되었다.

이러한 법의 보호 기능에서 '눈'은 또다시 잠들지 않는
목자의 상징이 된다. 보살핌을 받는 양은 민권(민중의 권리)
이고, 그들을 위협하는 늑대는 군주제의 힘이다.

마침내 법은 포괄적 의미에서 그 나라의 법전으로 편
찬된다는 사실을 통해 스스로 신과 같은 지위를 얻는다.

16세기부터 전파되었던 관습법, 란트법(Landrecht)*과 진
실을 파악하기 힘든 일반적 판례 등을 법전의 편찬을 통해
극복하려는 목표가 이제 민족국가의 기치 아래 성취할 수
있는 것으로 보였다.

덴마크가 1683년에 가장 먼저 이 방법을 실행했고, 이어
바이에른(1756), 프로이센(1794), 프랑스(1804)와 오스트리
아(1811)가 그 뒤를 따랐다. 위에 언급된 모든 국가에서 주
의 깊게 준비된 법의 내용은 가능한 한 모든 경우를 포함
하고, 그것의 해결책을 제시하는 데 불변의 단일성을 보장
하기 위해서였다. 독일에서는 법이 국가적인 통합을 보장

하는 것이 아니라 우선 그것을 만들어내기 위해 설계되었다.[84]

이처럼 신의 특성을 얻은 '법 위의 법'으로서의 체계화는 시대의 정치적 희망을 통해 활성화되었다. 법은 사람들의 의인화된 의지로서 지배했고, 사람들을 보호하기 위해서 군주의 지배를 제약했으며, 동시에 내적 통합을 보증했다. 법의 열려 있는 눈은 피라미드의 꼭대기에서 선과 악을 지켜봤다. 사자와 어린양은 함께 누워 있어야 했다.

확실하게 '전지전능함'의 억압적 특성은 처음부터 주지의 사실이다. 모든 것을 본다는 것은 그것이 교육적이건 징벌적이건 모든 것에 영향을 준다는 것이다.

국립극장을 거대한 눈으로 제시한 클로드 니콜라 르두(Claude Nicolas Ledoux, 1736~1806)의 혁신적 건축양식을 떠올려 보자.

그와 거의 동일한 시기에 제레미 벤담(Jeremy Bentham, 1748~1832)은 원형의 판옵티콘(Panopticon, 원형감옥 또는 감시하는 집)을 디자인했다.[85] 이 시설에서 사람들은 자유를 박탈당한 노예의 신분으로 중앙에 위치한 '눈'에 의해 통제될 수 있었다. 이 모델은 완벽한 감시 시설의 원형이 되었다. 미셸 푸코(Michel Foucault, 1926~1984)는 '선의'의, 낙관

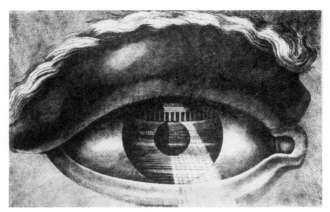

클로드 니콜라 르두, 〈혁명의 극장을 위한 설계〉(1804년).

적이고 교육적인 통제가 어떻게 총체적 감시와 처벌 시스템의 악몽으로 바뀌는지에 대한 증거로 이 판옵티콘을 이용했다.[86] 이것은 올더스 헉슬리(Aldous Huxley, 1894~1963)와 조지 오웰(George Orwell, 1903~1950)이 묘사한 총체적 통제(감시)의 부정적 유토피아뿐만 아니라 실제로 모든 것을 보고, 듣고, 기록하는 도시의 공공 장소에 있는 CCTV[87]와 인공위성의 눈, 그리고 국제 정보 조직에 의한 감시까지 이어진다.

1792년 프랑스 의회로부터 명예시민권을 받은 프리드리히 실러는(실제로는 1798년이 되어서야 시민권을 받게 되었다)

1799년 「종의 노래」라는 시를 쓸 때 '법의 눈'의 프랑스식 개념을 잘 알고 있었다. 아마도 그는 법에 순종하는 시민은 '감시의 눈'을 두려워할 필요가 없다는 1796년의 피히테(Fichte, 1762~1814)의 발언 또한 잘 알았을 것이다.[88] 실러에게 법은 부르주아 질서 그 자체나 다름없다. 그것은 깨지지 않고 강력하고 신뢰할 수 있는, 잠들지도 않고 졸지도 않는 이스라엘 수호자의 세속화된 버전이었다.

1799년에 실러는 더 이상 『군도(群盜)』에 등장했던 자유의 파토스(Pathos)로 가득한 열렬한 혁명가가 아니라 혁명의 공포 때문에 정신적 상처를 입은 칸트주의자였다. 그에게 법은 단지 자유의 개별적 영역을 규정지을 수 있는 것처럼 보였다.

실러가 '법의 눈'을 불러낸 이유는 부르주아지(중산층)가 법치주의에 기반을 둔 국가, 즉 헌법 국가를 연대순으로 선행했을 뿐만 아니라 본질적으로 실현된 상태에 놓일 것이라는 기대감을 특징짓고 있다.

만일 국가를 평화와 질서의 법적 보증인으로 본다면 평화는 '시민의 첫 번째 의무'이지만 시민의 평화는 또한 국가의 의무다. 이 두 가지 의무는 상호 조건부이고 서로 간의 보증이 바로 법이다. 시민은 법을 준수해야 하고, 시민은 그가 원한다면 법의 지배를 요청할 수 있다. '경찰'은 안전과 보안의 보장이라는 계획에 따라 감소했다.

이와 같은 이유로 실러는 「종의 노래」에서 혁명적인 자기 구제*에 대해 경고했다. "만일 시민들이 스스로를 해방하려 할 때(스스로 자유를 찾으려고 할 때)에는 복지(국가가 제공하는)는 성장할 수 없다."고 했다. 그는 혁명을 '평화로운 시민'이 무기를 들 자격이 있다는 것에 반해 사슬에서 풀려난 죄악(그 죄악은 여인들을 하이에나로 만든다.)으로 그렸다.

VII

법의 눈이
다시
깨어나다

19세기를 거치면서 '법의 눈'의 이미지는 형이상학적 배경이 점점 희미해지면서 사라졌다. 그것은 감시와 감찰을 위한 '경찰'에 대한 반어적 표현이 되었다.

메테르니히(Metternich, 1773~1859) 체제(비더마이어 시대라고 오해할 만한 명칭으로 불리는데, 철통 같은 비밀경찰 체제를 활용하여 구질서에 반대하는 세력들을 철저히 감시했다.)의 정치 선동가들에 의한 박해와 감시는 반혁명의 상징이 되었다. 미셸 푸코의 『감시와 처벌』(1975)은 그것에 대한 고찰이다.

그때부터 혁명과 반혁명의 눈들은 의심을 품고 서로를 지켜보았다. 종교와 하나님의 은혜가 정치에서 사라진 후 20세기에 남아 있는 모든 것은 눈의 '감시' 기능이었다. 사진작가 만

만 레이, 〈파괴될 대상〉(1923).

* 이 작품의 제목은 '파괴할 수 있는 오브제' 또는 '파괴되어야 할 오브제'라고 알려져 있다. 1923년 제작된 원본은 1957년 전시 도중 반(反)모더니즘을 부르짖는 과격한 미술학도들에 의해 훼손되었다. 사진에서 오려 낸 눈동자는 한때 자신의 여인이었던 '리 밀러 (Lee Miller)'의 것이다. 무언의 목격자를 의미한다.

레이(Man Ray, 1890~1976)의 1923년 작 〈파괴될 대상〉*[89]은 본다는 것의 비어 있는 메커니즘을 위한, 설명되지 않고 설명할 수 없는 초현실주의 예술로서의 징표일 것이다.

여기에서는 의인화된 자비로운 신이 겉으로 드러나지 않는다. 기계적으로 움직이는 눈은

더 이상 인간을 형상화하지 않고, 아무것도 상징하지 않는다. 그것은 단지 위화감과 불편함을 자극하는 기관으로서 인격적 요소를 기계장치에 부여하는 동시에 그 인격적 요소를 부정하는 역할을 수행한다.

프랑스혁명이 폭정에서 해방으로 그리고 자유와 평등의 지름길로 환영받던 법의 지배에 대한 낙관론은 오래전에 사라졌다. 19세기를 거치면서 법은 이미 근본적으로 자신의 역할을 바꾸었다. 더는 혁명적 정의의 이상을 구현하지 않고, 국가 의회의 손에서 봉건적인 과거와 이제는 위협이 되는 '사회 문제' 둘 다를 겨냥한 부르주아 정치의 수단이 되어버렸다. 그것은 한마디로 사회를 지도하는 방법이 되어버린 것이다.

한 세기 이후에 이러한 생각들은 너무 명확해져서 '법이 무엇인가' 하는 단순한 질문은 이제 갈등이 유발되는 사회를 향한 의도적이거나 상대적으로 수명이 짧은 정치적 명령과는 다른 것이 되어 버렸다. 이러한 법은 본질적으로 비어 있는 존재다.

그 '비어 있음'은 어떠한 종류의 콘텐츠도 흡수할 수 있고, 그것을 규범적이고 물질적인 것으로 규정하고, 법이 공식적이고 물질적인 헌법과 충돌하지 않도록 해준다.

이러한 실질적인 공허, 즉 '내용 없음'은 현대 사회의 결과물이다. 이러한 사회에서는 다양한 가치를 지향하는 문화적 관습과 역사적인 자기 개념(Selbstverständnis)들을 지향하는 다양한 그룹이 법의 지배와 함께 살아가는 것으로 가정된다.

법은 충돌을 방지하고 해결하기 위한 규칙과 과정을 설계하는 것이다. 그것은 물질과 자원을 평화롭게 배분하기 위한 것이다. 여러 가지(법적으로 설립) 기준과 공공 작업의 할당에 따라 소요 자금이 늘어난다.

이처럼 극도로 복잡한 절차의 모든 지침은 의회에서 법률에 의해 통과되는 것으로 구성된다. 이때 정밀하고 미세한 조정은 항상 그 과정에서 법에 따라 움직이는 정부와 사법 시스템에 의해 수행된다. 이 법은 정략적인 개인(정치적 동기가 부여된 개인), 즉 당 조직에서 선출된 대표가 제정한다. 의회의 구성에 관해서라면, 19세기 엘리트주의에 대한 모든 환상은 사라졌다. 이제는 의회가 양심의 목소리에 의해 밝혀지고, 자유로운 토론을 통해 실현할 수 있는 해결책을 만드는 최선의 장소라고 여기는 사람이 아무도 없다.

모든 법은 이제 그날그날 평범한 해석을 기반으로 타협하는 최선의 것이 되어버렸다.

현대사회는 더 이상 철인왕(哲人王, philo-sopher king)*이 있을 수 없고, 최선의 선택이 있을 수 없으며, 법률의 긍정성을 넘나드는 정의감의 이상(ideal) 또한 없다.

* 플라톤의 『국가론(Re-public)』에 나오는 개념으로 철학자인 최고 통치자, 또는 최고 통치자인 철학자를 일컫는 말이다.

법이 무엇을 알고 실행하느냐하는 것은, 비록 완전히 제거되지는 않았지만 정치성에서 상당한 거리를 둔 헌법재판소의 꽤나 작은 기구에 의한 의회 민주주의적인 결론을 통해 심의된다.

헌법재판소는 스스로 법의 실질적인 사상의 잔재로서, 헌법 텍스트의 언어라는 필터로 명시되고, 프랑스혁명이 품었던 이상을 보존하는 저장물로 자신을 규정한다. 그럼에도 더욱 중요한 것은 끊임없이 일하는 사법 조직의 정화 기능이 그것의 가장 노골적인 실수에도 불구하고 결함 있는 법을 되돌리고 수정을 요구하는 것이다.

현대의 의회에서 만들어진 법은 더 이상 형이상학에 의해 유지되지 않는다. 현대의 법은 사회를 통제하고 그것이 어떤 효과를 가져올지, 그것이 사회를 어떻게 바꿀지 정확히 알 수 없는 규범적 충동을 통제하는 텍스트다. 그러한 확장 과정에서 법은 장님이 되었다. 법은 밤낮으로 깨어 있는 눈으로 더 이상 상징되지 않는다. 따라서 '법의 눈'은 낙관적 설득력이 있는 힘의 이미지로 돌아가기 전에 사라졌다.

결론적으로 우리는 20세기 독재의 어두운 면과 함께하고 있다. '법의 눈'은 '법 앞에서의 평등'뿐만 아니라 국가권력이 정한 안전장치를 뜻하는 것으로서, 하나의 정당이 소수 시민을 억압하는 곳이나 다른 사유를 가진 곳에서는 환영받지 못했다.

폭력과 자유로운 사상의 억압은 법이 필요하지 않는데, 실제로 그들은 본능적으로 스스로 정한 감금 장치들을 몹시 싫어한다. 그들에게 필요한 것은 그들이 지배하려는 것에 대한 정보인데, 그런 그들의 경향은 '전지전능함'이다. 그리고 이제 전지전능한 '항상 옳은' 국가의 정당이 나타나는데 그 정당은 신의 섭리라는 성격을 띠며, 역사의 추세를 알고 더 높은 위치 덕분에 순종을 강요할 수 있다. 국가의 정당은 잠들지도 꾸벅꾸벅 졸지도 않는다.

비밀정보부들은 감시자라든가 비밀경찰, 공안국, 소련 비밀경찰 체카(Tscheka) 혹은 KGB 등 뭐라 불리든 간에 정부 기구의 눈과 귀로 활동한다. '듣고 보는 것(Horch & Guck)'은 동독의 대중적 용어로서 국가안전국을 칭하는 것이었다.

이제 우리는 그들이 전화 통화, 팩스, 이메일, 메시지, 의심스러운 움직임, 방문자, 구매, 여행, 그리고 금융 거래를 24시간 내내 추적하느라 바쁘다는 것을 알고 있다. 볼프 비어만(Wolf Biermann)과 라이너 쿤체(Reiner Kunze), 위르겐 푸흐(Jürgen Fuchs), 에리히 뢰스트(Erich Löst)나 슈테판 하임(Stefan Heym)에 따르면 최근의 보도에서는 역시 명확하게 이른바 가욱위원회(Gauck Behorde)*의 파일로 이 사실이 확인된 적이 있다.[90]

동독 비밀경찰국의 마지막 국장이었던 에리히 밀케(Erich Mielke, 1908~2000)는 수백만 명을 감시했던 행위를 두고 "나는 모두를 사랑한다."라고 외쳤다. 하지만 그의 말은 인민의회(구동독의 최고 입법기관)의 웃음소리에 묻혀버렸다.[91] 그는 웃음거리가 되려고 한 말이 아니었다. 이는 상대방이 그의 '사랑'을 알아주지 않는 것을 발견한 전지전능한 존재에 대한 실망의 외침이었다.[92]

지나치게 유토피아적인 측면과 '더 높은 지식'의 보안을 통해 자신들의 힘을 이끌어 내는 일부 정치 시스템들은 스스로를 신적인 전지전능과 예지력을 가진 존재로 여긴다.[93] 자신들이 구원의 올바른 길을 잘 안다는 확고한 신

* 동독의 과거 청산을 위해서 자료를 관리하고 공개하던 위원회로, 가욱(Gauck)은 원래 동독의 비밀경찰 슈타지의 비밀문서들을 관리하던 기관이었다.

* 아르고스는 그리스 신화
에 등장하는 거인으로 몸에
100개의 눈이 있고, 절대로
자지 않았다고 한다.

** 폴리페모스는 그리스 신
화에 나오는 외눈박이 거인
이다. 트로이 전쟁을 끝내
고 귀향하던 오디세우스 일
행을 잡아먹으려다 눈을 찔
려 장님이 된다.

넘 안에서 그들은 100개의 눈이 달린 아르고스
(Argus)*를 가지고 자신들이 정한 바른길로 강
요하기 위해 시민들을 감시한다. 국가(홉스의 리
바이어던과 같은 막강한 인간의 신)는 전지전능과
관련된 모든 기억들을 흡수했다. 하나님과 같
은 상태이거나 비인간적인 상태는 위험할 정도
로 가깝다.

신의 빛나는 '눈'과 폴리페모스(Polyphemos)[94]**의 이마
에 박혀 있는 '외눈'은 약하고 두려움에 살아가는 인간이
법을 통해 파국에서 벗어나 최선의 상태로 자신을 보호하
려는 마음의 반영이다.

'법의 눈'이라는 은유의 역사로
서양 정신사를 통찰하는 책

무척이나 많은 시간이 걸려 번역한 『법의 눈』은 처음에는 다소 망설이며 시작한 책이다.

법이 가진 눈에 대한 이미지의 역사를 정리한 에세이라고 소개받았는데, 법 전공자가 아닌 내가 잘 번역할 수 있을지 걱정이 앞섰다. 결국 다른 책에 비해 몇 배의 시간이 소요되었다.

오늘날 우리가 느끼는 법에 대한 이중적 성격에 대해 저자는 방대한 법 역사학적인 지식과 철학, 독일어뿐만 아니라 그리스어, 불어, 라틴어 등의 배경적인 지식과 신이 우리를 돌보는 섭리에 대한 신학적 지식 등 서양 정신사에 대한 포괄적 이해를 바탕으로 일목요연하게 설명해 놓았기 때문이었다.

이 책은 단순한 법에 대한 에세이가 아니라 '법의 눈'이라는 상징을 통해 고대 그리스로부터 구현된 법을 둘러싼 서양 정신사를 통찰하는 역사서다.

초기에 법은 '신의 눈'을 통해, 정의의 구현과 신의 보살핌 같은 전지전능하고 선한 목자의 의미를 드러냈다. 법을 통해 사회는 하나의 안정된 철인이 다스리는 이상향을 이룰 수 있는 것으로 받아들여졌다. 하지만 실제로 법은 극단적 이데올로기와 함께할 경우 무력으로 반대를 물리치고 강제로 동의시키려 했다. 전체주의에서 자행된 폭력적 고문은 오늘날 형성된 법의 정신에 맞지 않다. 유럽의 종교재판이나 히틀러의 유대인 수용소도 또 미국의 금주법도 법의 이름으로 자행된 만행이다. 오늘날 우리 사회에도 '위법 행위가 법적으로 입증되기 전까지는 무죄'라는 이야기가 당연한 담론으로 인정된다. 결국 죄도 법적으로 입증되기 전까지는 무죄라는 이야기다.

이러한 법의 이중성을 저자인 미하엘 슈톨라이스는 법이 '눈'이라는 이미지를 차용해 그리스 시대의 '정의의 눈', 사후 세계의 공정한 '판단의 눈', 전지전능함으로 우리 모두를 보살피고 감시하는 '신의 눈', 자신의 왕국을 감시하는 '지배자의 눈'에서 법치국가의 성립을 통한 현대의 전지전능한 '법의 눈'으로 통제와 관리자의 위치를 차지한 법의 위상을 보여준다.

현대사회에서는 다양한 가치가 충돌하기 때문에, 각기 다른 가치를 추구하는 여러 그룹이 함께 살아가는 방법으로 법을 선택했다는 것이다. 이제 법은 일면적 정의가 아닌 여러 가치들의 충돌을 방지하면서 해결하는 규칙과 그 과정을 설계하는 도구가 되었다. 물론 이러한 법을 지탱하는 것은 개인의 의지가 아니라 사회적 합의라고 생각할 때 이러한 서구 사회의 법사학에 대한 이해는 무척 중요하다고 생각된다.

이 책을 번역할 수 있게 소개해주고 번역에 대한 문제를 아낌없이 지적해준 김경우 선배님, 이 책의 내용 중 신학적 견해에 대해 조언해준 목사님과 신부님, 마지막으로 원고 전체를 세심하게 살펴준 큰북소리(큰벗) 출판사에 감사드린다.

끝으로 우리나라에 처음 소개되는 미하엘 슈톨라이스의 『법의 눈』을 통해 인간에 대한 신뢰가 담긴 우리 시대의 법에 대한 담론이 활성화되기를 기대해본다.

2017년 7월 신촌에서
조동현

다음에 나오는 원문들은 2000년 11월 20일 뮌헨에서 열렸던 테오도르 슈나이더 기념 강연의 용어와 그림 설명의 확장판과 참고문헌이다.
'법의 눈'의 이미지를 재구성하는 데 도움을 준 독일역사협회에 감사드린다.

주 & 참고문헌

1   G. Büchmann, Geflügelte Worte. Der Zitatenschatz des deutschen Volkes, bearb. von W.Hofmann, 34. Aufl., Frankfurt, Berlin 1981, 128. AuchGrimm, DeutschesWörterbuch (IV/1, 1897), Sp.4074 verweist nur auf Schillers «Glocke».

2   M.Raeff, The Well-Ordered Police-State. Social and Institutional Change through Law in the Germanies and Russia 1600–1800, New Haven 1983.

3   N. Luhmann, Vertrauen. Ein Mechanismus der Reduktion sozialer Komplexität, 2. erw. Aufl., Stuttgart 1973.

4   Gesetz über die Entschädigung für Opfer von Gewalttaten (OEG) vom 11. Mai 1976, BGBl I, 1181. Hierzu M. Stolleis, Entschädigung für Opfer von Gewalttaten–erste Konkretisierungen durch die Rechtsprechung, in: Im Dienste des Sozialrechts, Festschrift für G.Wannagat, Köln u.a. 1981, 579–598 (583 f.).

5   R. v. Mohl, Die Polizeiwissenschaft, nach den Grundsätzen des Rechtsstaates, 2 Bde., Tübingen 1832–34. Den in meinem Artikel «Rechtsstaat» in: A. Erler u.a. (Hg.), Handwörterbuch zur Deutschen Rechtsgeschichte, Bd.4, Berlin 1990, Sp. 366–375 gesammelten Quellen der frühen Ver-

wendung von «Rechtsstaat» ist hinzuzufügen: L.Harscher von Almendingen, Grundzüge zu einer neuen Theorie über Verletzungen des guten Namens und der Ehre, in: Grolmanns Magazin für die Philosophie und Geschichte des Rechts und der Gesetzgebung, Gießen und Darmstadt 1800, Bd.II, 63 ff. Dort wird das Kompositum «Rechtsstaat» dezidiert liberal verwendet. Die bisherige vermeintlich früheste Verwendung durch Adam Müller, Elemente der Staatskunst (1809), ist also aufzugeben.

6   P. Landau, Reichsjustizgesetze und Justizpaläste, in: E.Mai–H. Pohl–S.Waetzold (Hg.), Kunstpolitik und Kunstförderung im Kaiserreich. Kunst im Wandel der Sozial- und Wirtschaftsgeschichte, Berlin 1982, 197–223.

7   H. Jedding und Mitarbeiter, Hohe Kunst zwischen Biedermeier und Jugendstil: Historismus in Hamburg und Norddeutschland, Hamburg 1977; H. Filitz (Hg.), Der Traum vom Glück. Die Kunst des Historismus in Europa, 2 Bde., Wien 1997.

8   W. Brückner, Populäre Druckgraphik Europas. Deutschland vom 15. bis zum 20. Jh., München 1969; H.-W. Jäger, Politische Metaphorik im Jakobinismus und im Vormärz, Stuttgart 1971; K.Schrenk, Die republikanisch-demokratischen Tendenzen in der französischen Druckgraphik 1830– 1852, Hamburg 1976; K.Herding–G.Otto (Hg.), «Nervöse Auffangsorgane des inneren und äußeren Lebens». Karikaturen, Gießen 1980; O.Ulrich, Die historisch-politischen Lieder und Karikaturen des Vormärz und der Revolution von 1848/49, Köln 1982; F. X.Vollmer, Der Traum von der Freiheit. Vormärz und 48er Revolution in Süddeutschland in

zeitgenössischen Bildern, Stuttgart 1983.

9 Abb. in L. Röhrich, Das große Lexikon der sprichwörtlichen Redensarten, Bd.1, Freiburg, Basel, Wien 1991, 113.

10 F.Ross–A. Landwehr (Hg.), Denunziation und Justiz. Historische Dimensionen eines sozialen Phänomens, Tübingen 2000.

11 W. Raabe, Abu Telfan oder Die Heimkehr vom Mondgebirge, 3 Bde., Stuttgart 1868, Kap. 29.

12 W. Deonna, Le symbolisme de l'oeil, Paris 1965.

13 Siehe etwa die Zusammenstellung bei L. Röhrich (Anm. 9), 112–118.

14 In der mittelalterlichen Literatur werden Sonne und Mond als Augen der Welt (für Tag und Nacht) bezeichnet. Augen sind Fenster, aus denen (aktiv) Licht strahlt oder die (passiv) Eindrücke einlassen (Liebe, Sünde etc.). Hierzu umfassend G. Schleusener-Eichholz, Das Auge im Mittelalter, 2 Bde., Münster 1980.

15 Röhrich (Anm.9) 113; J.R.Klimá, Auge, in: Enzyklopädie des Märchens, Bd.1, Berlin, New York 1977, Sp. 994–998; G. Petschel, Herr sieht mehr als der Knecht. Fabel aus dem Überlieferungskreis der Äsopika, in: Enzyklopädie des Märchens, Bd.6, Berlin, New York 1990, Sp. 863–866.

16 N. Luhmann, Die Religion der Gesellschaft, hg. von A.Kieserling, Frankfurt 2000.

17 Zur Erkenntnislehre Eckharts siehe K. Flasch, Das philosophische Denken im Mittelalter, 2. Aufl., Stuttgart 2000, 464 ff.

18 A. Silesius, Geistreiche Sinn- und Schlußreime (1657, seit 1675 «Cherubinischer Wandersmann»), hg. von H. L.Held,

Bd.3, 3.Aufl., München 1999, 3. Buch, Vers 228 (103): «Zwei Augen hat die Seel: eins schauet in die Zeit, Das andre richtet sich hin in die Ewigkeit».

19 J. Böhme, Morgenröte im Aufgang das ist: die Wurzel oder Mutter der Philosophiae, Astrologiae und Theologiae aus rechtem Grunde oder Beschreibung der Natur..., Görlitz 1612, hier: Berlin, Leipzig 1780, Cap. 25, Nr.49: «Dann in Gott ist kein Ort der Aufhaltung, dann das Auge des Herrn siehet alles». Hierzu umfassend Chr.Geissmar, Das Auge Gottes. Bilder zu Jakob Böhme, Wiesbaden 1993.

20 G. Schleusener-Eichholz, Auge, in: Lexikon des Mittelalters, Bd.1, München, Sp.1207–1209. 21 D. C. Lindberg, Auge und Licht im Mittelalter, Frankfurt 1987.

22 W.A. Schulze, Das Auge Gottes, in: Zeitschr. f. Kirchengeschichte 68 (1957), 149–152 (149 f.); K.Reichert, Zur Geschichte der christlichen Kabbala, in: E.Goodman-Thau–G.Mattenklott–Ch. Schulte (Hg.), Kabbala und die Literatur der Romantik, Tübingen 1999, 1–16.

23 G. Stuhlfauth, Auge Gottes, in: Reallexikon zur Deutschen Kunstgeschichte, Bd.1, Stuttgart 1937, Sp.1243–1248; H. Schipperges, Welt des Auges. Zur Theorie des Sehens und Kunst des Schauens, Freiburg, Basel, Wien 1978; W. Jaeger, Augenvotive, Votivgaben, Votivbilder, Amulette, Sigmaringen 1979.

24 Ähnlich verhält es sich mit der in der Spätantike, in der mittelalterlichen, byzantinischen sowie der westlichen barocken Kirchenkunst verwendeten «Hand Gottes». Vgl. R.Kieffer–J. Bergman (Hg.), La Main de Dieu. Die Hand Gottes, Tübingen 1997.

25 G. Stuhlfauth, Das Dreieck. Die Geschichte eines religiösen Symbols, Stuttgart 1937; L.Kaute, Auge, Auge Gottes, in: Lexikon der Christlichen Ikonographie, hg.von E.Kirschbaum S J, Bd. 1, Freiburg 1968 (TB-Ausg. 1990), Sp. 222–224.

26 M.Winkler, Das nichtschlafende Auge, in: Hochland 47(1954/55), 294–296; L.Kretzenbacher, Das Nichtschlafende Auge, in: ders., Bilder und Legenden: Erwandertes und erlebtes Bilder-Denken und Bild-Erzählen zwischen Byzanz und dem Abendlande, Klagenfurt, Bonn 1971, 43–48.

27 L.Hansmann–L. Kriss-Rettenbeck, Amulett und Talisman: Erscheinungsform und Geschichte, 2. Aufl., München 1977, 247; W. Jaeger, Augenvotive. Votivgaben, Votivbilder, Amulette, Sigmaringen 1979.

28 Xenophanes von Colophon, Fragments. Text and Translation, hg.von J.H. Lesher, Toronto 1992, Fragment 24. Der Kommentar verweist auf Odyssee XX, 73 sowie auf Hesiod, Works, 267: «the eye of Zeus, seeing all things and nothing all things». Vgl. Chr. Schäfer, Xenophanes von Kolophon. Ein Vorsokratiker zwischen Mythos und Philosophie, Stuttgart 1996.

29 R. Strömberg, Griechische Sprichwörter, Göteborg 1961.

30 Tragicorum Graecorum fragmenta Euripidea et Adespota apud scriptores veteres reperta, rec. A.Nauck, Nachdr. Hildesheim 1964, 2,2.

31 Hansmann–Kriss-Rettenbeck (Anm.27), 178.

32 S. Seligmann, Der böse Blick und Verwandtes. Ein Beitrag zur Geschichte des Aberglaubens aller Zeiten und Völker, 2 Bde., Berlin 1910 (Nachdr. Hildesheim 1985); K.Meisen, Der böse Blick und seine Abwehr in der Antike und im

Frühchristentum, in: Rhein. Jahrb. f. Volkskunde 1 (1950), 144–177; 3 (1952), 169–225; A.Dundes (Ed.), The Evil Eye. A Casebook, Madison 1992; Th.Hauschild, Der böse Blick. Ideengeschichtliche und sozialpsychologische Untersuchungen, 2. Aufl., Berlin 1982.

33 Vgl. etwa die folgenden, ohne Anspruch auf Vollständigkeit gesammelten Belegstellen aus der Philosophie des 18. und 19. Jahrhunderts: «inneres Auge» (Locke), «geistiges Auge» und «Auge des Glaubens» (Hume), «kritisches Auge» (Kant), «Auge einer höheren und richterlichen Vernunft» (Kant), «Auge der Seele» (Jacobi, Schelling, Schleiermacher), «Auge des Fürsten», «das gemeine Auge» (Herder), «das religiöse Auge», «das ewige Auge», «das empirische Auge», das «Auge der bloßen innerlichen Wahrnehmung», «Auge des Leibes» (Fichte), «Das Auge ist himmlischer Natur», «Darum erhebt sich der Mensch über die Erde nur mit dem Auge; darum beginnt die Theorie mit dem Blicke nach dem Himmel» (L.Feuerbach), «Auge der Forschung», «Auge der Wissenschaft» (Büchner).

34 Ammianus Marcellinus, Rerum Gestarum, lib. 28, 6, 25: «… quia vigilavit Justitiae oculus sempiternus ultimaeque legatorumet praesidis diae.» Siehe auch lib. 29, 2, 20: «Iustitiae oculus, arbiter et vindex perpetuus rerum vigilavit.»

35 O.R.Kissel, Die Justitia. Reflexionen über ein Symbol und seine Darstellung in der bildenden Kunst, 2. Aufl., München 1997, 20–23.

36 K. Ph.Dietsch, Die Hymnen des Orpheus, griech. u. deutsch, Erlangen 1822, Nr.62; W. H. Roscher (Hg.), Ausführliches Lexikon der griechischen und römischen Mythologie, Leip-

zig 1902(Nachdr. Hildesheim 1965), III, 1: O. Gruppe, Orpheus, 1058 bis 1207; G. Frommhold, Die Idee der Gerechtigkeit in der bildenden Kunst. Eine ikonologische Studie, Greifswald 1925.

37 A.Otto, Die Sprichwörter und sprichwörtlichen Redensarten der Römer, Leipzig 1890, 180 m. Hinweis auf Ammianus Marcellinus(Anm.34). Weder bei H.G.Heumann, Handlexikon zu den Quellen des römischen Rechts, 3. Aufl., Jena 1857 noch bei R. Lieberwirth, Latein im Recht, 4. Aufl., Berlin 1996 oder D. Liebs, Lateinische Rechtsregeln und Rechtssprichwörter, 6. Aufl., München 1998 findet sich «Justitiae oculus» oder eine entsprechende Formel.

38 Erasmus, Collectanea Adagiorum Veterum, Straßburg 1517, schreibt Spalte 973: «Dikes ophtalmos i.e. justitiae oculus dicitur syncerus & incorruptus judex, aut ipsum etiam judicium. Adagii meminit Suidas. Sumtum apparet ex illa Chrysippi descriptione apud Aulum Gellium lib. XIV cap. IV in qua justitiae oculos tribuit acreis, rectos atque immotos: quod eum, quirecte sit judicaturus, non oporteat huc aut illuc ab honesto oculo deflectere. Celebratur hic senarius proverbialis: ...i.e. Estoculus aequitatis omnia intuens».

39 Kissel (Anm.35), 82 ff.

40 Kissel (Anm.35), 84.

41 J. J. Berns u.a. (Hg.), ErdenGötter. Fürst und Hofstaat in der Frühen Neuzeit im Spiegel von Marburger Bibliotheks- und Archivbeständen, Marburg 1997.

42 C.Alunni, Codex Naturae et Libro della Natura chez Campanella et Galilée, in: Annali della Scuola Normale Superiore di Pisa, Serie III, Vol. XII,1, Pisa 1982, 189–239;

K.Reichert, Von der Wissenschaft zur Magie: John Dee, in: N.Hammerstein–G.Walther (Hg.), Späthumanismus. Studien über das Ende einer kulturhistorischen Epoche, Göttingen 2000, 245–262.–Das Buch von R. Panek, Seeing and Believing–How the Telescope Opened Our Eyes and Minds to the Heavens, New York, London 1998 erschien deutsch unter dem Titel: Das Auge Gottes. Das Teleskop und die lange Entdeckung der Unendlichkeit, Stuttgart 2001.

43 H.Riedlinger, R. Lullus (Ramon Lull), in: Lexikon des Mittelalters, VII, München 1995, Sp. 490–493 m.w.Nachw.

44 Athanasius Kircher, Ars Magna Sciendi, in XII Libros Digesta, qua Nova & Universali Methodo per artificiosum Combinationum contextum de omni re proposita plurimis & prope infinitis rationibus disputari, omniumque summaria quaedam cognitio comparari potest, Amsterdam 1669.

45 J.Assmann, Weisheit und Mysterium. Das Bild der Griechen von Ägypten, München 2000, 67.

46 A.Henkel–A. Schöne, Emblemata. Handbuch zur Sinnbildkunst des 16. und 17. Jahrhunderts, Stuttgart 1976, Sp. 1266; W. Harms–G. Heß–D. Peil i.Vb.m. J. Donien (Hg.), SinnBilder-Welten. Emblematische Medien in der Frühen Neuzeit. Ausstellungskatalog, München 1999, 16 m.w.Nachw.

47 Vgl. Henkel–Schöne (Anm.46), Sp.1266, die auf Plutarch, De Iside et Osiride,10 (Ausg. G.Parthey, Berlin 1850, 14) und Diodor(us Siculus), Bibliotheca historica I,11 hinweisen, wo es heißt, die Ägypter bezeichneten Osiris durch Auge und Herrscherstab, bzw. daß Osiris der Vieläugige heiße, weil er, wie Helios, alles sieht.

48 N. Elias, Die höfische Gesellschaft, Neuwied und Berlin

1965; J. Frhr. v. Kruedener, Die Rolle des Hofes im Absolutismus, Stuttgart 1973.

49 M. Stolleis (Hg.), Recht, Verfassung und Verwaltung in der frühneuzeitlichen Stadt, Köln, Wien 1991.

50 W.Reinhard, Geschichte der Staatsgewalt. Eine vergleichende Verfassungsgeschichte Europas von den Anfängen bis zur Gegenwart, München 1999. Hierzu meine Besprechung in Ius Commune XXVII (2000), 429–433.

51 H.Quaritsch, Souveränität. Entstehung und Entwicklung des Begriffs in Frankreich und Deutschland vom 13. Jahrhundert bis 1806, Berlin 1986.

52 B.Rubin, Das Zeitalter Justinians, Berlin 1960, 94; H.Hunger, Prooimien, Wien 1964, 77. Den Hinweis auf den Topos der «Schlaflosigkeit»–er findet sich übrigens auch bei Einhard, Vita Karoli Magni, Kap. 24,25–verdanke ich meinem Kollegen Peter E. Pieler, Wien.

53 «Spät leg ich meine Feder aus der Hand,/ Als schon die Dämmerung aus den Wolken bricht./ Ich schau zum Kreml. Ruhig schläft das Land./ Sein Herz bleibt wach. Im Kreml ist noch Licht.», E.Weinert, Gesammelte Gedichte, Bd.5, Berlin, Weimar 1975, 473.

54 Reinhard (Anm.50), 47 ff.

55 Henkel–Schöne (Anm.46); B. F. Scholz (Ed.) Symbola et Emblemata. Studies in Renaissance and Baroque Symbolism, Leiden 1989 ff.; W.Harms–M. Schilling (Hg.), Emblematisches Cabinet(Nachdrucke), Hildesheim 1977 ff.

56 J. J. Berns u.a. (Hg.), ErdenGötter. (Anm. 41).

57 Franciscus Ph. Florinus, Oeconomus prudens et legalis: Oder allgemeiner Klug- und Rechts-verständiger Haus-

Vatter, Nürnberg, Frankfurt, Leipzig 1722 zeigt als Allegorie fürstlicher Herrschaft einen Thron, überstrahlt vom Auge Gottes.

58 Die Ausgabe von Th.v.Aquins «De Rebus publicis et Principum institutione Libri IV», Leiden 1651 zeigt über dem Fürsten das Auge Gottes mit dem Jahwe-Zeichen.

59 Athanasius Kircher SJ, Principis Christiani Archetypon Politicum, Amsterdam 1672 zeigt auf dem Titelblatt über dem Fürsten, der zwei Säulen hält, eine kreisrunde Lichtscheibe mit Christusmonogramm und Kreuz.

60 Frieden durch Recht. Das Reichskammergericht von 1495 bis 1806, hg. von I. Scheuermann, Mainz 1994, 119 links und 250: Isaak Schwendtner: Gott über der Justitia 1592; dort auch 125: Joh. Caspar Höckner Kupferstich 1655, Gottes Auge (Jahwe-Zeichen) über dem Richter.

61 O.Neubecker (Bearb.), Heraldik. Wappen–ihr Ursprung, Sinn und Wert, Augsburg 1990, 182.

62 Besonders eindrücklich kombiniert in François Bouchers «Tod des Adonis» (Paris, Sammlung Matthieu Gaudchaux), wiederaufgenommen in der Allegorie eines unbekannten Künstlers auf den Tod des kurpfälzischen Erbprinzen. Sie zeigt eine antike Chronos-Stele mit dem Auge Gottes, der Providentia. Abb. in: Lebenslust und Frömmigkeit. Kurfürst Carl Theodor(1724–1799). Zwischen Barock und Aufklärung. Handbuch und Ausstellungskatalog, Mannheim 1999, Bd.2, 33.

63 Zu den Allegorien der guten Herrschaft die hervorragende konzentrierte Darstellung bei H.Hofmann, Bilder des Friedens oder Die vergessene Gerechtigkeit, München 1997.

64 J.Assmann, Ägypten in der Gedächtnisgeschichte des Abendlandes, in: Jahrbuch des Historischen Kollegs 1999, München 2000, 25–40 (35): «Die Freimaurer und Illuminaten verstanden sich als die legitimen Nachfahren jener ägyptischen Eingeweihten», ja er spricht mit Bezug auf die «Zauberflöte» vom Gipfel dieser «zweiten Wiederkehr Ägyptens in der Gedächtnisgeschichte des Abendlandes» (37).

65 Stuhlfauth (Anm.23) nennt das strahlende Auge (ohne Dreieck) über einem ruhenden Löwen von 1772 das älteste Beispiel in Deutschland und überhaupt (Abbildungen freimaurerischer Denkmünzen und Medaillen, 8 Bde., Hamburg 1898–1906, Bd.8, n.33).

66 Verfassung von Massachusetts v. 2. März 1780, Art. XXX: «… it may be a government of laws, and not of men».

67 Th. Hobbes, Leviathan, sive de Materia, Forma et Potestate Civitatis Ecclesiasticae et Civilis, 1651 (Oxford-reprinted edition 1909 ff.), Chap. 26. In der 1965 veröffentlichten deutschen Übersetzung von Dorothee Tidow (Rowohlts Klassiker) kommentiert Cornelius Mayer-Tasch, 297: «Über allem sozialen Treiben wacht unermüdlich das Auge des sterblichen Gottes. Sein Wille ist Gesetz, seine Legitimation unanfechtbar. Als Geschöpf und Destinatär allseitiger Rechtsübertragung ist der Leviathan Former und Träger der volonté générale».

68 C. Schmitt, Politische Theologie. Vier Kapitel zur Lehre von der Souveränität, 3. Aufl., Berlin 1979, 49.

69 Zur Formel «cuius regio–eius religio» siehe M.Heckel, Staat und Kirche nach den Lehren der evangelischen Juristen Deutschlands in der ersten Hälfte des 17. Jahrhunderts,

München 1968, 227 ff.

70 H. Mohnhaupt–D.Grimm,Verfassung. Zur Geschichte des Begriffs von der Antike bis zur Gegenwart, 2. Aufl., Berlin 2002.

71 Dieser zweite Teil der Umschrift des Siegels spielt auf das in Vergils 4. Ekloge angekündigte goldene Zeitalter an.

72 Die Kombination der Symbole hat zu abenteuerlichen Spekulationen Anlaß gegeben. «Es gibt eine Theorie», schreibt Thomas Pynchon in seinem Roman «Gravity's Rainbow», «nach der die USA nichts anderes waren und sind als ein gigantisches Freimaurerkomplott, dessen letzte Kontrolle in den Händen einer Gruppe liegt, die man Illuminaten nennt. Es fällt schwer, den Blick in das rätselhafte, einsame Auge auf der Spitze der Pyramide auszuhalten, das auf jeder Dollarnote zu sehen ist, ohne zu beginnen, dieser Geschichte zumindest ein wenig Glauben zu schenken». Hierzu H.Kuhn, Konspiration und Inspiration. Europäisch-literarische Wurzeln der amerikanischen Paranoia, Frankfurter Rundschau v. 31.3.2001.

73 W. Kemp, Das Revolutionstheater des Jacques-Louis David. Eine neue Interpretation des «Schwur im Ballhaus», in: Marburger Jahrbuch für Kunstwissenschaft 21 (1986), 165–185 (178).

74 Kemp (Anm.73), 179.

75 R. Schnur, Staatssicherheit. Ein Aspekt der Französischen Revolution, in: Verfassung und Verwaltung. Festschrift für Kurt G. A. Jeserich z. 90. Geburtstag, Weimar, Wien 1994, 125–143.

76 Vgl. das italienische «occhiuto» (= vieläugig) für «aufmerk-

sam».

77 W. Busse–F.Dougnac, François-Urbain Domergue. Le gram-mairien patriote (1745–1810), Tübingen 1992, 98 f.

78 Kemp (Anm.73), 180.

79 J.Grasset-Saint-Sauveur, Amtskleidungen der Stellvertreter des französischen Volks und der übrigen Staatsbeamten der Republik Frankreich, nach den Originalzeichnungen, Paris 1795(Neudruck Wolfenbüttel 1989). Den Hinweis hierauf verdanke ich Frau Prof. Dr. Sybille Hofer, Regensburg.

80 J. M. Cotteret, Le pouvoir législatif en France, Paris 1962, 12 ff.

81 Vgl. Anm.66.

82 Das bedeutet freilich keine Entlastung der Bürger, die seit alters ermahnt werden, sich um ihre Rechte zu kümmern: Jura vigilantibus–das Recht ist für die Wachen da. Wer Fristen versäumt oder vergißt, sich vor Gericht zu wehren, verliert sein Recht.

83 R.Ogorek, Richterkönig oder Subsumtionsautomat? Zur Justiztheorie im 19. Jahrhundert, Frankfurt 1986.

84 A. F. J.Thibaut, Ueber die Nothwendigkeit eines allgemeinen bürgerlichen Rechts für Deutschland, Heidelberg 1814.

85 J. Bentham, Panopticon: or the Inspection-House: containing the idea of a new principle of Construction applicable to any sort of Establishment, in which persons of any description are to be kept under Inspection...1791, in: Works vol.IV, London 1843, 37–172.

86 M. Foucault, Surveiller et punir. La naissance de la prison, Paris 1975 (dt. Überwachen und Strafen. Die Geburt des Gefängnisses, Frankfurt 1976).

87 E.Kauntz, Das Auge des Gesetzes. In Rheinland-Pfalz werden Polizeiwagen mit Videokameras ausgestattet, in: FAZ v. 20. November 2000.

88 J.G. Fichte, Grundlage des Naturrechts nach Prinzipien der Wissenschaftslehre (1796), in: Werke, Bd.3, 1971, 303.

89 A. Schwarz, Man Ray. The rigour of imagination, London, New York 1977 (dt. München 1980), Abb. 329–332.

90 C.Vismann, Akten. Medientechnik und Recht, Frankfurt 2000.

91 H. Bahrmann–Chr. Links, Wir sind das Volk. Die DDR im Aufbruch. Eine Chronik, Berlin Weimar 1990, 103.

92 A. Mitter–S.Wolle (Hg.), Ich liebe Euch doch alle! Befehle und Lageberichte des MfS, Januar–November 1989, Berlin 1990. Das Zitat aus Mielkes Rede vom 13. November 1989 lautete wörtlich: «Ich liebe doch, doch alle Menschen». Vgl. W.Otto, Erich Mielke. Biographie. Aufstieg und Fall eines Tschekisten, Berlin 2000, 699 f., Dokument Nr.62.

93 E. Topitsch, Marxismus und Gnosis, in: ders., Sozialphilosophie zwischen Ideologie und Wissenschaft, 2. Aufl., Neuwied 1966, 261 ff.

94 Odyssee, IX. Gesang, 106, 112, 215, 275, 276. Das griechische Wort für gesetzlos ist hier «athemistos» bzw. «ou themistos».

그림

11 Max-Planck-Institut für Europäische Rechtsgeschichte, Bibliothek.

15 Siegfried Wichmann, Carl Spitzweg und die französischen Zeichner, Herrsching 1985, Abb. 119, 120.

16 Fondació Joan Miró, Barcelona.

23 Christoph Geissmar (Hg.), Das Auge Gottes. Bilder zu Jakob Böhme, Wiesbaden 1993, Abb. 41.

25 Klosterbibliothek Metten.

34 Otto Rudolf Kissel, Die Justitia. Reflektionen über ein Symbol und seine Darstellung in der bildenden Kunst, München 1984, Abb. 85.

35 Ebd., Abb. 67.

37 Palazzo Bianco, Genua, Inv. PB 966.

39 Max-Planck-Institut für Europäische Rechtsgeschichte, Bibliothek.

41 Ebd.

42 Wolfgang Harms (Hg.), SinnBilderWelten: emblematische Medien in der Frühen Neuzeit. Katalog der Ausstellung in der Bayerischen Staatsbibliothek München 11.8.-1-10.1999, München 1999, Nr. 13.

43 Archiv für Kunst und Geschichte, Berlin.

48 Staatliche Münzsammlung, München.

49 Archiv der Universität Wien, Cod. NA 2, fol. 6a.

49 Universitätsbibliothek, Marburg.

50 Ebd.

52 Max-Planck-Institut für Europäische Rechtsgeschichte, Bibliothek.

54 Museen der Stadt Regensburg.

66 Ein-Dollar-Note.

69 Wolfgang Kemp, Das Revolutionstheater des Jacques-Louis David. Eine neue Interpretation des «Schwurs im Ballhaus», in Marburger Jahrbuch für Kunstwissenschaft 21 (1986).

69 Ebd.

70 Ebd.

71 Ebd.

73 Ebd.

74 Staatliche Museen zu Berlin, Preußischer Kulturbesitz, Münzkabinett.

77 Musée Carnavalet, Paris.

82 Wolfgang Kemp, Das Revolutionstheater des Jacques-Louis David. Eine neue Interpretation des «Schwurs im Ballhaus», in Marburger Jahrbuch für Kunstwissenschaft 21 (1986).

86 Augenblick und Zeitpunkt. Studien zur Zeitstruktur und Zeitmetaphorik in Kunst und Wissenschaften, hg. von Christian W. Thomsen und Hans Holländer, Darmstadt 1984.

92 Aufnahme im Besitz des Verfassers.

법의 눈

초판 1쇄 인쇄 2017년 7월 20일
초판 1쇄 발행 2017년 7월 25일

지은이 미하엘 슈톨라이스
옮긴이 조동현

펴낸이 원지연 | 편집위원 김경우 | 마케팅 김서준 | 디자인 글빛
펴낸곳 큰북소리

출판등록 2014.12.27. 제399-2014-000055호
주소 (12195) 경기도 남양주시 화도읍 수레로 1157-18 (101-405)
대표 전화 02-2615-0543 팩스 02-2615-0545
이메일 bigbooksori14@daum.net

ISBN 979-11-87544-05-0

값 12,000원